LA CIRCÉ

DE PARIS

par

MÉRY

(PUBLIÉ PAR GABRIEL ROUX).

I

PARIS
ARNAULD DE VRESSE, ÉDITEUR
7, quai des Grands-Augustins.

1856

LA CIRCÉ DE PARIS

Pour paraître incessamment

LES
MÉMOIRES D'UNE COQUETTE

LE ROI DE LA BAZOCHE
PAR PIERRE ZACCONE

Sous Presse :

La Femme comme il faut, par Balzac ;
Fleurette, par Méry ;
Héloïse et Abeilard, par Clémence Robert ;
La Haine dans le Mariage, par Paul Féval ;
Le Chevalier de Mailly, par Molé-Gentilhomme ;
La Reine de Saba, par Emmanuel Gonzalès ;
La Haine d'une Morte, par Amédée Achard ;
Les Actrices de Paris, par H. de Kock ;
Un Roman, par Élie Berthet ;
L'Homme du Monde, par Frédéric de Sézanne ;
L'Amoureux de la Reine, par Jules de Saint-Félix ;
Marquis et Marquise, par Eugène de Mirecourt ;
Un Roman, par Ancelot ;
Le Benjamin, par Martial Boucheron.
Notre-Dame de Rouen, par Octave Feré.

HISTOIRE
DU ROI DE ROME
(DUC DE REICHSTADT),

Précédée d'un coup d'œil rétrospectif sur la Révolution, le Consulat et l'Empire

PAR J.-M. CHOPIN,

AUTEUR DE L'HISTOIRE DES RÉVOLUTIONS DES PEUPLES DU NORD, ETC., ETC.,

OUVRAGE ILLUSTRÉ DE 15 BELLES GRAVURES SUR ACIER,

Dessinées par MM. Philippoteaux, Jules David, Schopin, Baron, Staal.

CONDITIONS DE LA SOUSCRIPTION

L'Histoire du Roi de Rome, illustrée, forme 50 livraisons.
Le prix de la livraison est de 30 cent. pour Paris et 40 cent. pour la province
L'ouvrage est complet.

PARIS — IMPRIMERIE SIMON RAÇON ET C°, RUE D'ERFURTH. 1.

LA CIRCÉ
DE PARIS

PAR

MÉRY

(PUBLIÉ PAR GABRIEL ROUX).

I

PARIS
ARNAULD DE VRESSE, ÉDITEUR
7, quai des Grands-Augustins.

1856

DES CIRCÉS ANCIENNES ET MODERNES.

On l'a dit bien avant nous : Il n'y a rien de nouveau sous le soleil. Aujourd'hui ce mot est une vérité banale. C'est pourquoi au début de cette histoire nous nous voyons obligés de rendre hommage au doyen des poëtes Grecs. Homère a inventé deux grandes choses : les Dieux et les romanciers. Béni soit Homère !

Cet illustre père du conte a écrit ses feuilletons avec un chalumeau de la blonde Cérès sur le sable de l'archipel Ionien. Il errait d'île en île, et chaque île devenait un feuilleton. Son imagination n'était jamais en défaut.

Le charme de ses récits donnait la vie à ses rêves et tout le monde croyait à leur réalité.

Les abonnés des Cyclades payaient le romancier aveugle avec une monnaie qui n'a plus cours aujourd'hui chez les écrivains.

A peine avait-on aperçu le mélodieux vieillard que de toutes parts on accourait, et, pour le feuilleton de Polyphème on lui donnait une corbeille de figues de l'Attique, une outre de vin de Crète, une amphore de miel du mont Hybla. On enlevait de ses épaules le vieux manteau qui les couvrait, et on le remplaçait par une laine plus blanche et plus moëlleuse.

C'était le tarif de la rédaction pour les romanciers de l'âge d'or.

Un jour, l'ingénieux rhapsode descendit d'une

galère sur le champ où Rhodes s'épanouit au soleil, comme la royale fleur dont elle porte le nom. Les nombreux abonnés vinrent se ranger autour de *l'aveugle* et réclamèrent la suite des aventures d'Ulysse, promise pour le prochain numéro.

Cet empressement du public explique parfaitement pourquoi le roi d'Ithaque n'est rentré dans ses foyers domestiques et n'a retrouvé sa chère Pénélope que dix ans après la chute de Troie.

Les auditeurs du poëte auraient dix ans encore suivi les pérégrinations du héros Grec.

Le vieil Homère était fatigué du voyage. Il demanda un répit de quelques heures à la curiosité de ceux qui l'entouraient, promettant de la satisfaire amplement plus tard. Il s'endormit sur les bords de la mer, et, bercé par la mélodie des vagues, il fit, selon son usage, un rêve divin.

A son réveil, il exigea quelques avances de rédaction. On lui apporta aussitôt une grappe de raisins de Corinthe, des gâteaux de pur froment cuits sous la cendre, un rayon de miel ravi aux ruches du mont Hymette, et l'eau claire et limpide puisée à la source voisine dans une coupe de bois.

La première faim apaisée après ce repas

frugal et gratuit, le rhapsode publia un feuilleton qui ne fut timbré que par le soleil, *Thymbræus Apollo.*

C'était le rêve inspiré par les doux murmures de la mer Rhodienne, pendant que le poëte oubliait dans un sommeil réparateur les fatigues d'une navigation périlleuse.

Autour du vieillard se pressaient les jeunes gèns de Mitylène, de Crète, de Délos, de Rhodes, si habiles à dénouer la ceinture des Grâces. A son approche ils abandonnaient leurs jeux favoris ; les lutteurs aux prises se séparaient, les discoboles renvoyaient la partie commencée, et les troupeaux étaient aveuglément confiés à la garde des molosses de Laconie.

Ces jeunes gens trahissaient leur présence à l'instinct du poëte aveugle par la suavité des parfums qui s'exhalaient de leurs chevelures. Fier des sympathies de son auditoire, Homère rappelait quelques-uns des récits déjà connus et en ajoutait sans cesse de nouveaux. Or, les jeunes Rhodiens étaient depuis longtemps familiers avec le géant Polyphème et la déesse Calypso.

Ce fut alors que l'harmonieux conteur leur dit pour la première fois l'histoire merveilleuse et vraie, comme toute fable, l'histoire de l'enchanteresse Circé, mémorable leçon donnée aux hommes et dont les hommes, suivant leur vieille habitude, ont continué à perdre le souvenir depuis quatre mille ans.

Il est vraiment curieux de retrouver sans cesse, sous les voiles transparents de la fiction, dans tous les vieux poëtes, l'admirable sagesse de tous les temps.

Le rhapsode Grec en s'adressant à des imaginations orientales empruntait les couleurs qui pouvaient les séduire et les charmer. Mais il jetait dans les cœurs les préceptes de la vérité éternelle. Toujours et partout des séductions sans nombre ont entouré l'homme acharné à la poursuite d'un but quelconque, et l'en ont détourné.

Par exemple, la magicienne d'Homère a créé une race exceptionnelle de femmes qui me paraissent appartenir au genre *Circé*.

La plus exquise coquetterie, les plus subtiles et les plus adroites préméditations de la conquête ne peuvent donner à une femme l'attrait invincible de la Circé antique, lorsque la nature le refuse. Les fées qui président à la naissance déterminent tout et vous font Circé comme elles vous font poëte ou artiste de génie.

A toutes les grâces naturelles qui se développeront chaque jour, elles ajoutent un charme mystérieux, un pouvoir infernal ou divin qui rayonnent autour de la femme et subjuguent les volontés complaisantes ou rebelles au même degré de fascination.

La nature a du reste été prodigue envers la Circé. Elle lui a largement donné toutes les grâces qui nous plaisent, et nous retiennent. Sa beauté est de celles qu'on peut analyser sans crainte.

Plus l'examen est minutieux et plus on remarque toute la finesse des détails de cette œuvre de prédilection. Toutes les séductions de la femme s'y trouvent, et, pour faire ombre, jamais l'œil n'aperçoit ce qui pourrait repousser et refroidir l'adoration.

A des époques superstitieuses, quand l'homme mettait volontiers à son service des forces surnaturelles, les victimes des Circés expliquaient facilement la cause du prestige dominateur parti du regard d'une femme : on accusait ces enchanteresses de cueillir de la verveine sous une lune maligne, ou d'avoir dans leur gynécée ces herbes et ces plantes vénéneuses qui croissent au bord de l'Euxin :

Has herbas atque hæc Ponto mihi lecta venena.

Aujourd'hui que tout est en progrès, nous

sommes trop éclairés pour admettre dans nos explications la pharmacie et l'herbier des amours antiques. Les navires qui nous arrivent de la mer Noire aiment mieux apporter du blé d'Odessa, marchandise fort bien cotée à la Bourse de Marseille, qu'un chargement d'herbes magiques à la consignation des amants malheureux. Aussi nous n'expliquons plus rien.

Quand le hasard, la fatalité ou la Providence, trois mots qui le plus souvent n'en devraient faire qu'un, mettent sur nos pas la Circé, nous subissons le charme, nous tombons infailliblement dans les filets tendus, et, quand nous nous apercevons du pouvoir qui nous tient, toute explication devenant superflue, nous nous contentons de nous laisser dominer, ou, appelant notre force à notre aide, nous tâchons de passer outre.

C'est plus commode et peut-être avons-nous raison.

La physiologie de la Circé ne peut être faite. Quand on l'étudie, elle échappe à l'analyse ; ses attraits irritent la méditation. Elle frappe d'ophthalmie les yeux de l'observateur le plus subtil.

Le charme de cette domination ne réside ni dans la couleur des cheveux, ni dans la nuance du teint, ni dans le sourire qui s'épanouit aux lèvres, ni dans le son de la voix, ni dans les qualités de l'esprit et du cœur, ni même dans l'étalage du vice ou le recueillement de la vertu. Tout cela peut y contribuer sans doute, mais ne le détermine pas.

Les deux plus illustres des Circés connues forment un contraste moral et physique à l'appui de cette assertion : nos lecteurs ont déjà deviné que nous parlons de Rhodope et de Pénélope.

L'une était presque noire, l'autre presque blonde. L'une était petite et mignonne à ravir ; l'autre avait cette ampleur de formes et cette beauté sévère qui convient à la femme d'un héros.

Rhodope avait bâti une fastueuse pyramide avec les pierres que lui donnaient ses amoureux, et chaque amoureux n'en donnait qu'une.

Pénélope aurait pu bâtir aussi une pyramide par le même procédé; mais elle donnait modestement l'exemple de la foi conjugale; elle broda au lieu de bâtir.

La courtisane égyptienne parlait beaucoup, et ses adorateurs ne pouvaient oublier la douceur de sa voix ; Pénélope ne parlait jamais, au contraire, et les nombreux poursuivants de sa main se plaignaient avec aigreur de ce silence.

Enfin, pour en finir avec ce parallèle, la première avait à peine vingt ans, et la seconde comptait après les quarante, puisque son mari passa dix ans sous les murs de Troie et dix autres années à courir les mers. A son retour, il trouva sa femme entourée de deux cents amoureux au désespoir.

Ainsi la sagesse antique avait deviné les Circés sous toutes les formes ; on expliquait le charme des unes par la magie ; le charme des autres, on le subissait, mais on ne l'expliquait pas.

A plusieurs siècles de distance, la blonde Hélène et la brune Cléopâtre opéraient les mêmes prodiges, et plus tard encore et toujours, nous en trouverions d'autres aussi célèbres, si nous n'avions d'autre but que de grossir indéfiniment une nomenclature.

Grâces aux nouvelles mœurs introduites par la civilisation moderne, les femmes du genre Circé, n'exercent plus parmi nous leur empire que dans des proportions modestes. En tout réformant, nous avons tout rapetissé.

On chercherait vainement aujourd'hui deux cents amoureux, jouant de la lyre ou débitant de galants propos à la table d'une veuve de quarante ans, qui leur ferait la sourde oreille, comme dans le dernier chant de l'Odyssée.

Pour ma part je le regrette, et j'ose regarder cela comme un véritable malheur. Car il pourrait résulter un bien immense aujourd'hui de cette domination, si la femme se décidait à se servir de son influence souveraine pour renouveler la face du monde. Nous ne pourrions jamais que gagner à un changement.

Les Circés antiques transformaient les hommes en animaux ; elles encourageaient toutes les passions brutales, en éteignant toutes les qualités de l'esprit et du cœur.

Les Circés modernes opéreraient des métamorphoses morales au bénéfice de la société. Dans les infimes conditions actuelles de nos intérieurs domestiques, de beaux résultats peuvent encore être obtenus, si l'histoire que je vais raconter détermine l'imitation.

L'Ermitage.

1.

Quand on sort de Paris par la barrière de Passy, on est étonné des capricieux méandres que décrivent les courbes gracieuses de la

Seine. On dirait que le fleuve ne quitte la grande ville qu'avec regret, et qu'il s'attarde le plus qu'il peut dans ses environs, avant d'aller se perdre dans les vertes et grasses campagnes de la Normandie.

A droite et à gauche s'arrondissent des collines partout ombragées d'arbres de haute et basse futaie, au flanc desquelles pendent éparpillées à profusion de charmantes villas qui n'auraient rien à envier à leurs sœurs, les villas italiennes, si le soleil consentait à les visiter plus souvent.

En entrant dans une de ces maisons de plaisance qui font ainsi avancer leurs jardins jusqu'au bord de la rivière, entre Chaillot et le Bas-Meudon, il est facile de deviner qu'une jeune femme l'habite.

Bien plus, par l'observation des petits détails d'intérieur, on peut, sans être doué d'une grande pénétration, établir d'autres conjectures fort raisonnables sur le caractère, les goûts, les habitudes de cette femme.

Rien de vulgaire et de banal ne frappe l'œil. Le jardin n'a pas conservé un seul de ces arbres qui font les délices des parterres bourgeois ; on n'y trouve que des fleurs de bonne famille, toutes remarquables ou par l'éclat velouté de leur corolle, ou par la suavité de leurs parfums; les salons et les meubles ont arrondi tous les angles; rien ne choque et ne jure; chaque chose est coquettement et gracieusement posée à sa place, en harmonie avec sa voisine; les tentures réjouissent les yeux et ne les éblouissent pas de l'éclat criard de leurs couleurs; la bibliothèque a des rayons de livres peints et, quand la main, par un mouvement irréfléchi, veut saisir un de ces volumes, elle se trouve heureuse de ne le pouvoir; la volière a de jolis oiseaux empaillés que l'on peut regarder et qui ne vous agacent pas de leurs cris discordants; le piano est décemment couvert d'un tapis, ce qui vous dispense d'écouter par politesse de la mauvaise musique; les pendules marquent l'heure vraie et ne la sonnent pas ; les miroirs et les glaces sont répandus avec une prodigalité qui trahit le sexe du propriétaire, et atteste aussi que son visage n'a rien à redouter de la reproduction.

Tout est propre, coquet, élégant, harmonieux. Le sable dans les allées, les tapis dans les appartements amortissent le bruit des pas. Cette maison est douce et silencieuse comme celle qui l'habite.

Enfin les domestiques semblent avoir sur leurs figures sereines le reflet d'un commandement donné avec la plus mélodieuse et la moins impérieuse des voix.

On comprend que ces gens s'étudient à satisfaire les désirs avant d'être exprimés, et que pour eux servir est devenu tout autant un plaisir qu'une obligation. Avant tout, ils craignent de déplaire, et ce sentiment suffit pour les rendre le modèle des serviteurs.

Cet ermitage appartient à la marquise Thérèse de Sylvabelle, jeune et riche veuve qui s'est retirée du monde, pour réfléchir sur le choix du genre d'existence qu'elle doit adopter dans sa nouvelle et indépendante position.

L'heure est venue pour elle de prendre une de ces résolutions desquelles dépendent le bonheur et le malheur de toute une vie.

Toute liberté est rendue à la femme; mais aussi toute la responsabilité de sa détermination ne pèse plus que sur elle seule.

Ne soyons donc pas étonnés, si la jeune et spirituelle marquise de Sylvabelle, avant de prendre un parti, a voulu se recueillir loin du monde et du bruit.

Une jeune veuve, qui se retirerait sur la cime des Cordilières ou dans une île déserte de l'Océan du Sud, ne tarderait pas de se voir, les premiers mois du deuil passés, contrariée dans sa solitude par tous les désœuvrés qui courent les contrées lointaines, sous toutes sortes de prétextes, tous plus fallacieux les uns que les autres.

Autour d'elle s'empresseraient bientôt de jeunes déserteurs des expéditions scientifiques, des diplomates en herbe étudiant avec le madrigal la manière la plus adroite de parler en déguisant leur pensée, des galants botanistes en travail d'herborisation, des élèves astronomes envoyés à l'équateur, pour épier le passage de la planète de Vénus, le disque de Jupiter.

Quiconque aurait un prétexte honnête de franchir le seuil se présenterait, et bientôt l'île déserte serait peuplée, et un village serait bâti sur la cime neigeuse des Cordilières.

Aux portes de Paris, l'ermitage d'une jolie femme est encore moins respecté. Elle est entourée de gens qui ne demanderaient pas mieux que de transformer les rubans de la robe de deuil en rubans nuptiaux.

Mais au moins a-t-elle la ressource des sociétés civilisées : le concierge et la femme de chambre sont chargés d'inventer les prétextes qui donnent le change aux importuns, et la jeune veuve conserve son indépendance pour ne recevoir que la société qui lui convient.

On ne s'étonnera donc point de rencontrer chez la marquise de Sylvabelle une réunion de jeunes gens charmants, dont l'assiduité annonce un sentiment plus affectueux qu'un simple devoir de politesse.

Les jeunes gens rayonnent autour d'une jolie femme comme des courtisans enamourés autour d'une reine, ce qui explique pourquoi les femmes se laissent aller avec tant de charme aux assiduités de ceux qui les entourent.

Le Kiosque.

II.

Madame de Sylvabelle recevait ces jeunes et élégants Parisiens, qu'elle appelait ses vieux amis, dans un kiosque élevé sur le mur à l'extrémité du jardin, et madame de Willers, sa tante, femme d'un âge respectable, toujours assise à côté d'elle avec un semblant de broderie à la main, moralisait la situation.

Ce kiosque était une rotonde charmante, comme toutes les autres parties de l'habitation. Mais il était admirablement choisi comme lieu de conversation.

La beauté de madame de Sylvabelle s'y mariait harmonieusement avec la beauté des fleurs répandues à profusion sur les terrasses et dans les plates-bandes, avec le gracieux paysage qui se déroule sur les bords de la rivière.

Dans ces visites faites à l'heure du *lunch*, comme disent nos voisins d'Outre-Manche, la conversation ne sortait jamais des formules habituelles dont le programme est fourni par les journaux.

On faisait tourbillonner à la fois dans le cercle de la conversation l'accident du jour, la cantatrice en vogue, le pianiste du moment, le succès dramatique de la veille, le candidat de l'Institut, mademoiselle Rose Chéri, les nuances des étoffes en faveur, la forme des chapeaux, le lauréat quadrupède de l'Hippodrome, le dernier bon mot de la chambre des Députés.

Jamais la légèreté de ces entretiens ne sortait des banalités de l'heure présente; jamais, à propos d'art et de littérature, on ne s'élançait vers les hauts sommets de l'esthétique sentimentale.

Une crainte fort naturelle retenait tous ces jeunes hommes devant madame de Sylvabelle; ils redoutaient la moindre allusion qui aurait pu blesser la jolie veuve et porter un coup fatal à leurs intérêts dissimulés.

Et cependant, parmi ces brillants causeurs, c'était une joûte à armes courtoises, un assaut général d'esprit livré pour la conquête d'un sourire.

Parmi ces concurrents, c'était à qui mettrait plus d'entrain dans sa verve, plus de grâce dans sa diction, à qui assaisonnerait de sel plus attique ses bons mots, à qui aurait la répartie plus prompte, et celui d'entre eux qui voyait s'épanouir le visage adoré avait une extase divine et sentait luire à son front la couronne du bonheur. Aussi ne s'apercevait-il pas des traits qui se contractaient sur la figure de ses voisins.

Car, chaque jour, après ces conversations, si quelques-uns quittaient, l'âme heureuse, l'ermitage de madame de Sylvabelle, il y avait aussi bien des secrètes amertumes emportées vers Paris au vol du cheval !

Les adorateurs infortunés qu'avait attirés

le charme indéfinissable de la jeune marquise, et qui venaient chaque jour figurer, comme comparses, à la réception de la belle veuve, s'en retournaient le désespoir au cœur.

Pour eux, la satisfaction de l'esprit n'avait jamais un sourire. Ils craignaient de descendre dans cette lice, ouverte cependant à tous ; en mesurant leurs forces et leurs ressources et les comparant à celles de leurs compagnons de servage, ils sentaient leur insuffisance et se condamnaient à une prudente retenue.

Leur silence du moins ne leur interdisait point tout espoir, et ils se cramponnaient à toute chance qui, même dans un lointain fort éloigné, pouvait faire luire quelque promesse aventurée de bonheur.

Mais quand, vaincus sans avoir pris part au combat, humiliés d'une défaite qu'ils n'avaient point cherchée et qu'ils étaient obligés de subir, ils quittaient la retraite de la moderne Circé, un crêpe funèbre semblait couvrir, sur leur route, tout ce qui fait la joie des yeux, un soir d'été, dans les derniers rayons du soleil : la fraîcheur veloutée des arbres, le vert limpide de la rivière, la majesté rayonnante des colonnades, les gerbes d'eau lumineuse qui jouent avec les fleurs des jardins.

Accablés d'une de ces lourdes tristesses qui

nous saisissent parfois, alors ils se promettaient bien d'abandonner à son égoïsme superbe la dangereuse femme.

Ils prenaient toute la nature à témoin de leur solennel serment; et un instant ils étaient heureux de cette héroïque résolution qui rendait le calme à leur cœur et à leur esprit. Mais, après quelques jours écoulés loin de madame de Sylvabelle, la vie semblait s'éteindre dans leurs âmes; une défaillance mortelle brisait leurs corps; il fallait revoir l'enchanteresse, il fallait, au prix même du nouveau martyre attendu le lendemain, mériter un regard, une parole, une attention, quelqu'insignifiante qu'elle fût.

Le plus souvent madame de Sylvabelle s'enquérait du motif de l'absence, et elle pouvait alors juger de l'empire qu'elle exerçait sur ces hommes à la rougeur qui envahissait le front subitement, aux paroles à peine articulées qui s'échappaient des lèvres pour motiver une excuse banale.

Un jour, c'était en juin 1846, il y avait eu, dans le jardin de madame de Sylvabelle, une de ces désertions de courte durée, qui avait brusquement éclairci le cercle des adorateurs en le réduisant à quatre.

Il y avait dans le ciel quelques flocons de nuages gris qui en tachaient l'azur, et dans les yeux, dans les attitudes du cercle intime, je ne sais quelle vague tristesse que chacun subissait et ne pouvait expliquer.

Cependant la conversation était toujours légère comme les jours précédents, et les banalités quotidiennes en avaient fait seules tous les frais.

Tout à coup l'entretien prit une tournure inusitée et se dépouilla de la frivolité dans laquelle l'avait retenu jusqu'à ce moment la maîtresse de la maison.

Il ne faudrait pas en conclure que la belle veuve eût en horreur les choses graves; mais, comme tous les esprits véritablement sérieux, elle savait garder sa tristesse au fond de son cœur, comme un trésor voilé avec soin et réservé aux entretiens intimes; et quand le cercle était trop nombreux, elle s'abandonnait, avec une hypocrisie de bon goût, à toute la grâce mondaine de la légèreté.

Un mot, un seul mot, amené par le hasard, détermina cette fois ce brusque changement.

La Lettre.

III.

Parmi les adorateurs de madame de Sylvabelle se faisait remarquer par l'aristocratie de sa personne, de sa richesse et de son nom, le comte Daniel de Gestain.

Une parenté éloignée le rattachait à madame de Willers, et, à la faveur de cette parenté, il avait pris chez madame de Sylvabelle certaines familiarités, sévèrement interdites aux autres poursuivants.

C'est ainsi que, la veille de ce jour mémorable de juin 1846, il avait écrit à la tante de la marquise une lettre qui peut-être ne fut pas étrangère à la détermination nouvelle de la jeune veuve.

Nous rapporterons cette lettre :

Madame,

Vous me permettez de vous écrire, et j'en

profiterai pour confier au papier quelques-unes de ces réflexions qui trouvent rarement leur place dans les conversations d'aujourd'hui.

Lorsque Dieu peupla la terre (je vous demande pardon de remonter si loin), il voulut donner à l'homme un grand hôtel garni et ne prétendit rien exiger pour le loyer, à condition que le locataire respecterait le mobilier de l'hôtel, ne le vendrait ni en gros ni en détail, et ne le détériorerait en aucune façon.

D'après les intentions du divin propriétaire, l'homme ne devait habiter que les zones du Midi et les bords de la mer. Il y eut profusion de Méditerranées, d'Océans et de rayons de soleil, afin que le bienfait de la localité fût accessible à tous, en supposant toutes les éventualités probables d'une population toujours croissante.

Il est naturel de penser que Dieu n'a pas fait la mer, — la mer, cette grande et belle chose, — pour qu'on essayât de la voir du haut de Montmartre ou de Meudon. L'intérieur des terres ne fut inventé que pour faire contre-poids; et puis, tout le globe ne pouvait pas être de l'eau pure.

Le domaine primitif de l'homme était, comme on le voit, assez vaste, assez beau. La folie de l'espèce humaine s'est insurgée contre les plans si sages du Créateur. Il se trouva des gens qui, par fièvre d'ennui, se prirent un jour d'une belle passion pour les pays soumis à la trinité dominante de la pluie, de la boue et du froid. L'Asie versa les peuplades de son immense plateau sur les routes brumeuses qui descendent au pôle.

Le Caucase, l'Ararat, l'Hymalaya se chargèrent de peupler la Finlande et l'Islande, que le Créateur avait réservées aux ours blancs, aux albatros, et non point au capitaine Parry ou au capitaine Franklin.

C'est ainsi qu'un beau jour, quelques désœuvrés errants trouvèrent une île de saules au milieu d'une petite rivière et se dirent :

« Ceci n'appartient à personne, prenons-le ! »

Et ils coupèrent les saules et se bâtirent des masures avec de la boue qui ne leur manquait pas. Ces gens-là goûtaient les délices de la pêche et prenaient beaucoup de rhumatismes, en famille, entre deux eaux. Cependant ils avaient des enfants.

Quelque temps après vint Julien l'Apostat, ce grand philosophe, qui dit :

« Voici un beau pays fort humide, fort pluvieux et plein de marécages. Bâtissons-y une salle de bains, quoique le ciel et la terre se soient chargés de baigner la population. »

Ensuite arrivèrent Pharamond, Chlodion, Mérovée, Childéric, tous très-chevelus, à cause des rhumes du pays. Ils prirent possession de l'île des saules et de toute la boue et eau fangeuse qui l'entourait. Ils ont été soixante-six, comme ceux-là, qui se sont obstinés à embellir la boue de race en race.

Il est vrai qu'on a inventé les parapluies et les socques articulés.

Les beaux pays ont été généreusement laissés aux tigres, aux panthères, aux éléphants et aux rhinocéros.

En s'écartant ainsi des lois primordiales de la nature, il a bien fallu se constituer en état de défense permanente contre toutes sortes d'ennemis invisibles.

Alors a commencé le duel sans fin entre l'homme et la nature, duel à mort où la nature ne meurt jamais! Il a fallu demander des cuirasses à Elbeuf, à Sedan, à Louviers; des toiles à Rouen et à Mulhouse; des flanelles à Reims; des soieries à Lyon; des casques aux castors.

Il a fallu nous bâtir des forteresses pour nous défendre contre les trente-deux aires du vent et l'invasion perpétuelle des giboulées, de la neige, du grésil, de la pluie, de la grêle, que la bienfaisante nature nous garde maternellement dans son inépuisable trésor.

Dès que nous découvrons une nouvelle arme défensive pour enrichir notre arsenal, nous poussons des cris de joie, nous crions au progrès, nous nous embrassons, nous nous félicitons, nous glorifions le génie de l'homme qui est le nôtre, amour-propre à part, comme si toutes ces belles découvertes n'accusaient pas la misère incurable de notre position : car les hommes les plus heureux sont ceux qui n'inventent rien ; les pays les plus beaux sont ceux où le ciel se charge des inventions.

Or, toujours inventant, améliorant et surtout détériorant, nous courons, je crois, à un cataclysme universel.

Aux temps religieux, l'homme disait à Dieu : *Renovabis faciem terræ,* Tu renouvelleras la face de la terre.

Aujourd'hui que l'homme ne prend plus la peine de dire quelque chose à Dieu, il s'est chargé, lui, faible mortel, de renouveler la face de cette terre, non pas au figuré, mais au propre. Dieu, dans quelques années, ne reconnaîtra plus le globe sorti de ses mains.

L'homme, encouragé par les académies des sciences, s'est imaginé qu'il pouvait impunément bouleverser son hôtel garni, meubler le grenier avec les dépouilles de la cave, planter au salon les arbres du jardin, élever le rez-de-chaussée à la corniche des toits, et que ces dévastations ne nuiraient en rien à la solidité de l'édifice.

Dieu avait semé des forêts, comme des grains de sénevé, sur les crêtes des continents ; ces forêts avaient leur métier à faire. Quel métier ? C'est un secret. Les savants ne le savent pas.

L'homme avait froid, parce qu'il avait écouté les inspirations de Pharamond, de Guillaume-le-Conquérant, du czar Pierre, surnommé le Grand, je ne sais par qui, mais non à coup sûr par moi.

L'homme, pour réchauffer ses membres transis par Pharamond et le czar, coupe les forêts et les transporte dans les villes, sous le nom de chantiers, où on les vend à 40 francs la voie, ce qui est fort cher, n'en déplaise à Pharamond.

Nobles forêts! nobles arbres qui vivaient en famille et qui se racontaient leurs amours avec des voix si harmonieuses!

Nobles hôtelleries ouvertes aux hyménées des oiseaux! Il y a un spéculateur qui vient avec une toise et un registre, et il en fait du *bois flotté*, du *bois neuf*, pour les pyramides de la rue Amelot et du boulevart Beaumarchais!

Et vous croyez que la nature ne se vengera pas, elle qui se venge de tout!

Vous n'avez pas de jour? il faut vous éclairer. L'huile vous manque? il vous faut du gaz; inventez du gaz! Le gaz est le soleil et l'olivier de l'Europe du Nord. Eh bien! rien n'est si aisé que d'en fournir abondamment; il y a du gaz partout.

Depuis le jour qui mit le globe en fusion, la houille dort dans les entrailles des montagnes : vite, éventrons les montagnes! Aussitôt dit, aussitôt fait. — L'Europe déclare la guerre à ses montagnes.

Il faut que l'Europe détruise toujours quelque chose ; si la chose manque, on ravagera autrement. A bas les montagnes!

En voici une, entre Stafford et Warington, qui se révolte contre l'homme ; elle veut garder sa houille, cette pauvre montagne! Quelle prétention! Vite un régiment de mineurs!

On sonne la charge, les clairons anglais

jouent faux, selon leur usage ; on chante encore plus faux le *God save the King*, et la montagne disparaît de la surface du globe comme un grain de sable! Cette montagne a été brûlée vive ; j'en ai allumé mon cigare un matin.

Maintenant les montagnes sont averties. Elles ont cru rester montagnes toute leur vie, jouer avec les nuages, conserver des neiges éternelles, tamiser l'eau du ciel et pourvoir aux besoins des sources et des fleuves : l'industrie en a décidé autrement.

Les montagnes doivent disparaître ; il n'en restera pas pierre sur pierre ; ce sont des aspérités qui gênent la plante de nos pieds. Nous allons les couper en deux pour donner passage aux chemins de fer ; ensuite nous prendrons les deux moitiés pour les faire fondre dans une coupe d'acide, comme les perles de Cléopâtre. Le globe ne doit être qu'une plaine éclairée au gaz.

Passons au bitume.

Jusqu'à présent le bitume n'était guère employé qu'en poésie, ou dans le sermon de l'Enfer ; on ne croyait même pas au bitume : c'était comme une figure de rhétorique, qui servait, dans l'occasion, pour chauffer un discours.

Voilà que soudainement le bitume prend un corps et une âme; l'emblème se matérialise; il s'habille en actionnaire; il traverse le boulevart de la rue Vivienne, et va se coter à la Bourse; heureux Satan, qui a des *lacs de bitume*, selon Bossuet! qui ne voudrait être Satan aujourd'hui?

Si j'étais propriétaire d'un arpent de l'Enfer, je gagnerais le Paradis... Allons acheter le Vésuve et l'Etna, ces succursales de l'Enfer, on peut les mettre à la Bourse. Il faut des volcans pour paver nos rues.

Assez longtemps les volcans nous ont brûlés; brûlons les volcans, foulons aux pieds les volcans, écrasons-les en pavés!

Au reste, il faudrait bien se garder de blâmer cette furie de découvertes, qui toutes nous font la vie plus tiède et moins âpre. Mais ce n'est point là la question, et nous n'avons pas pris la peine de remonter à la création du monde, pour examiner la houille et le bitume au point de vue d'un actionnaire; allons au but.

Il est probable que l'inventeur ne s'arrêtera pas en si beau chemin. N'y a-t-il pas d'ailleurs une *Société de découvertes?*

C'est une propagande qui va enlacer le

monde dans ses griffes comme le scarabée des Égyptiens. — Qu'allez-vous découvrir, Messieurs ?— Nous ne savons pas; le monde est à nous; le monde est plein de secrets : nous allons fouiller le monde; explorer l'Océan, feuilleter les Cordillères; tourmenter l'Afrique, de Maroc à Constance; l'Amérique, du détroit de Behring au cap de Horn....

Nous découvrirons tout, nous mettrons la planète en actions, nous porterons l'affaire à la Bourse de Paris ; cette bonne planète qui tourne si lourdement autour du soleil sera cotée. Elle aura sa hausse et sa baisse.

Nous lui prendrons jusqu'à son dernier intestin, jusqu'à sa dernière bosse, jusqu'à son dernier panache; nous ne lui laisserons que la croûte, parce qu'il nous faut un plancher.

Laissons-nous faire, laissons-nous découvrir; nous allons vous faire un globe parfait, quoique Dieu ait eu l'amour-propre de croire que le sien était bon : *Vidit quod esset bonum.*

En avant donc, messieurs les explorateurs; vous avez déjà rendu aux éléments supérieurs, ou pour mieux dire au néant, des masses incalculables de forêts et de houille qui avaient leur rôle dans la pesanteur spécifique du globe; continuez d'alléger ainsi notre planète, comme si vous aviez affaire à Saturne; brûlez les montagnes dans vos chaudières, comme Micromégas qui en soupait; mais convenez que si l'impulsion donnée à de telles explorations continue, que si l'homme se croit obligé pour mieux vivre de consommer une montagne dans sa vie, pour se chauffer, s'éclairer, se faire des trottoirs; convenez qu'un demi-siècle seulement de pareilles consommations doit porter un noble préjudice à l'harmonie préétablie.

Le statuaire qui extrait un bloc de la mine, pour faire son œuvre, ne fait que déplacer la matière; mais vous autres, vous ne déplacez pas vous anéantissez : vous limez le globe à sa surface, vous creusez dans ses entrailles, pour ne rien lui rendre en échange de ce que vous lui volez.

De sorte que Dieu seul, qui a pesé la terre dans sa main avant de lui dire : « Tourne! » sait combien il faut soustraire de ce poids primitif qui était dans la condition de la durée, de la vie, de la solidité de ce pauvre globe si follement rogné par des spéculateurs.

Déjà on se plaint que l'ordre des saisons est interverti, qu'il n'y a plus à compter sur le soleil, que l'hiver passe l'été dans le Nord, que les vents alizés manquent à leur rendez-vous, que les moussons oublient leur ancienne exactitude, qu'enfin rien ne marche dans la nature comme jadis...

Je le crois bien, ma foi! Et que sera-ce après ce siècle d'actionnaires, qui auront vendu le globe à l'encan? Je ne serais pas étonné que le soleil oubliât de se lever en 1952!

Voici pourtant quelque chose de bien grave. On a surpris, depuis quelque temps, la boussole en flagrant délit de distraction : l'aiguille aimantée divague, elle tourne le dos au nord; et elle a raison.

Les savants ont fait des mémoires, pour prouver que la boussole n'aurait point dû dévier de ses principes. En attendant, la boussole dévie, et l'on ne sait où s'arrêtera cette divagation.

Les savants prétendaient que l'aiguille magnétique se tournait vers le nord, parce qu'il y a beaucoup de mines de fer en Suède : c'était une raison comme une autre. La Suède a beaucoup de mines de fer encore ; mais pas assez, probablement à cause des exportations, pour garder l'affection de la boussole.

Nous n'adoptons que faiblement ce système, bien qu'il se rattache directement au nôtre. L'aiguille aimantée, n'en déplaise aux savants, obéissait à d'autres lois qu'aux lois de la Suède; son action mystérieuse était dirigée par une puissance occulte, qui tenait un rang dans les harmonies de la nature : or, ces harmonies, se *cacophonisant*, de jour en jour, grâce à nos folies, doit-on s'étonner des variations de l'aiguille aimantée? doit-on aller en Suède pour découvrir le principe du mal?

Et encore, nous ne sommes qu'au début : regardez la quatrième page des journaux, et tremblez pour vos neveux, si vous en avez, surtout si vos neveux sont marins.

L'homme a ordonné à la terre de lui donner

tout ce qu'elle a de superflu, depuis le cèdre jusqu'à l'hyssope, depuis la perle de Ceylan jusqu'au vil charbon d'Anzin, et la terre obéira ; que voulez-vous qu'elle fasse ?

Pourtant on n'insulte pas impunément une planète, quelque petite qu'elle soit. La boussole prend fait et cause pour le globe :

« Ah ! vous voulez, dites-vous, que vos navires sillonnent les mers pour le commerce de la houille, du bitume, du bois de sapin, de tout enfin ; eh bien ! la boussole va donner sa démission ; si la boussole s'égare, avec quoi vous conduirez-vous ? »

C'est le sel de l'Évangile appliqué à l'aiguille : *Si sel evanuerit, quomodo salietur ?* Si vous n'avez plus de sel, avec quoi salerez-vous?

La boussole arrivant à l'état de torpille, et l'aiguille aimantée devenant une aiguille ordinaire, la mer est interdite aux sages navigateurs : les marins qui, sur la foi d'Euthymènes et de Pythéas, voudront se hasarder sans boussole sur l'Océan, passeront leur vie à chercher une île, un cap, un port.

Le commerce souffrira beaucoup dans ses rapports internationaux. Nous avons une catastrophe en perspective, un cataclysme inévitable ; mais nous serons éclairés au gaz, et nous marcherons sur un velours de bitume ; nous irons de Paris à Calcutta par le chemin de l'Oronte et de l'Araxe en quinze jours, et nous serons heureux.

Mais nos neveux auront la chance de voir le globe se couper en deux, comme une orange, à l'équateur !...

Pardonnez-moi, madame, la longueur de cette lettre. Malgré moi, le sujet m'a entraîné.

Sous sa forme légère, elle cache plus d'une pensée sérieuse. J'ai été heureux en l'écrivant ; il est quelquefois doux de décharger ainsi son intelligence, et votre indulgence pour moi a eté toujours si grande que j'espère encore en elle aujourd'hui.

Comte DANIEL DE GESTAIN.

Les Poursuivants.

IV.

C'était donc le lendemain du jour où madame de Willers avait reçu ce message à la maison de plaisance de madame de Sylvabelle.

Le jeune comte Daniel de Gestain paraissait, à tous les yeux qui l'observaient, un étourdi merveilleux, railleur inexorable, regardant du haut de son cheval ce bas monde avec une fatuité superbe.

La société dans laquelle il vivait lui prêtait ce caractère, et, il faut lui rendre cette justice, le comte faisait tout ce qu'il pouvait pour accréditer cette opinion.

Le jour dont nous parlons, presque seul il avait affronté tous les dangers et tous les charmes d'une conversation avec madame de Sylvabelle et il achevait, avec sa verve habituelle, de défendre dans ses derniers retranchements un paradoxe rapporté de ses longs voyages chez les Orientaux.

— Oui, madame, disait-il, les soins et les soucis matériels absorbent aujourd'hui l'existence de l'homme, et nous ne pouvons plus rien de grand au-dehors de notre maison, parce qu'il nous faut toujours veiller sur notre intérieur.

— Comte de Gestain, — dit madame de Sylvabelle avec une nonchalance d'intonation que démentait la flamme du regard, — on croirait, à vous entendre, que vos affaires domestiques enchaînent votre courage ou votre intelligence, et que si vous pouviez éterniser le bon ordre dans votre maison, avec des esclaves et un harem, vous seriez bientôt un illustre général, en Afrique, comme Scipion, un grand amiral comme Pline, et que vous aborderiez la tribune aux harangues, et deviendriez un orateur comme Démosthène ou Cicéron?

Le comte de Gestain fit de la tête un signe d'adhésion aux paroles de la marquise.

— Voyez donc quel malheur! continua madame de Sylvabelle en riant aux éclats, et tout ce que perd la France par le vice de ses institutions!

Comte de Gestain, connaissez-vous le marquis de Bonneval?

— J'ai vu son nom dans l'histoire, madame.

— Vous connaissez ses aventures?

— Très-imparfaitement.

— Eh bien! le marquis de Bonneval avait absolument les mêmes idées que vous, monsieur le comte; et, pour faire de grandes choses, en se débarrassant, comme les anciens, de tout l'attirail bourgeois des soucis domestiques, il se rendit à Constantinople et, ayant abjuré la religion de ses pères, il embrassa la profession de pacha.

— Ah! très-bien! Et que fit-il quand il fut devenu pacha turc? demanda le comte Daniel.

—Rien du tout... Ah! je me trompe, il perdit une bataille contre les Allemands.

Un éclat de rire circulaire interrompit un instant la conversation.

Quand il fut apaisé :

— Son harem n'était sans doute pas encore bien organisé, — remarqua le vicomte Albert de Saint-Marc, qui partageait et les goûts et la réputation mondaine du comte de Gestain.

Au reste, comme Daniel, le vicomte de Saint-Marc était un de ces types d'aristocratie de race qui n'ont pas besoin d'exhiber leurs titres et leurs blasons pour prouver l'authenticité de leur noblesse. En lui la distinction suprême s'était faite chair, et, sous son écorce railleuse, il cachait prudemment aux yeux du vulgaire qui ne l'aurait pas compris une sensibilité exquise et une grande délicatesse d'intelligence et de pensée.

— Mon ami Albert, reprit Daniel en répondant à M. de Saint-Marc, croit ne me lancer qu'une plaisanterie spirituelle, il fait plus, il dit une vérité.

— Voyons la vérité qu'a dite votre ami, comte de Gestain, observa la marquise.

— Elle découle de soi, madame. Le pauvre marquis de Bonneval s'était improvisé pacha; il n'était pas nourri dans les sérails, il n'en connaissait pas les détours, mot du poëte qu'il n'aurait pas dû oublier avant de prendre sa détermination.

Quelques efforts qu'il fît pour chasser une pensée importune, certainement son harem le préoccupait dans la bataille.

En se débarrassant du souci matériel d'une

femme légitime, il avait gagné les soucis de vingt maîtresses, mal gardées peut-être par des esclaves suspects, qui voyaient d'un mauvais œil le nouveau converti. Il avait échangé un ennui contre vingt ; c'était une faute exceptionnelle de position qui ne détruit pas mon système. Car, savez-vous à quoi aura servi cette discussion ?

— Non! dirent à la fois la marquise et le vicomte de Saint-Marc.

— Eh bien ! cet entretien me confirme plus encore dans mes idées, et je crois mon système meilleur encore depuis la découverte de M. de Bonneval par madame de Sylvabelle.

— Mais je n'ai pas découvert M. de Bonneval, dit la belle veuve en continuant son éclat de rire. — N'allez pas me mettre en procès avec l'histoire ; je crains les procès.

— Madame, dit le comte de Gestain, permettez-moi de résumer en deux mots ma théorie.

— Résumez, monsieur le comte, et concluez.

— Oui, madame, je conclus : Pour faire de grandes choses, il ne faut point avoir de maison, comme Homère et Annibal.

— Mais ce n'est pas une conclusion, mon

ami, observa le vicomte de Saint-Marc ; c'est toujours votre proposition, et je vois que la discussion va recommencer.

— En effet, M. de Gestain, dit la belle veuve, il me semble que les héros anciens de la fable et de l'histoire, les héros les plus fameux et les plus justement renommés, avaient tous ou presque tous de véritables épouses ; le mariage était dans leurs mœurs, comme il est dans les nôtres ; et ces épouses étaient bien tout ce que nous pouvons exiger dans l'acception bourgeoise de notre mot, de véritables femmes aussi légitimes que celles que vous prenez dans la mairie d'un arrondissement quelconque...

Qu'en pensez-vous, M. de Saint-Marc?

— Je suis entièrement de votre avis, madame.

— Et moi, je persiste dans le mien, dit Daniel. — Veuillez bien citer, madame, quelques-uns de vos héros de la fable ou de l'histoire, continua-t-il du ton d'un interlocuteur tout prêt à écraser une réponse par une réponse.

— J'en citerai cent, répondit la marquise.

— La liste serait un peu longue, madame,

et peut-être aurions-nous trop à chicaner. Je me contente de trois.

— Eh bien! voici vos trois, dit madame de Sylvabelle après un instant de réflexion, tous historiques : Hector, César, Brutus, trois modèles de vertus conjugales.

— Très-bien choisi, madame! dit le comte avec le sourire du triomphe aux lèvres. Trois maris illustres par trois mémorables adieux qui nous ont été soigneusement conservés par les historiens et les poëtes, et qui sont morts tous les trois le lendemain même de ces adieux.

— Mais ce n'est pas la faute de leurs femmes, M. de Gestain !

— Ah ! je n'en sais rien, madame ; je constate seulement la singularité de ce triple fait.

— Et quelle conséquence tirez-vous de cette constatation ?

— Moi, madame ? aucune. Je crains trop de m'aventurer dans le champ des conjectures hasardées. Je voudrais que ma conclusion fût péremptoire, et ici elle ne le serait pas tout-à-fait.

— Alors, pourquoi railler mes exemples?

— Afin qu'il me soit permis de croire, madame, que les tendres adieux de Porcia, par exemple, ont fait perdre à Brutus la bataille de Philippes.

Elle aurait été gagnée, s'il eût été garçon. Brutus le comprenait si bien qu'on dirait presque qu'il a complaisamment fourni un nouvel argument à ma cause : dans les cinq mots qu'il a prononcés avant de se donner le coup mortel, il n'y en pas eu un seul de souvenir adressé à sa femme. *Vertu, tu n'es qu'un nom!* Voilà tout ce qu'il a dit, s'il faut s'en rapporter aux historiens.

Eh bien! dans ces dernières paroles, rien pour la belle Porcia, malgré la tendresse de ses adieux.

— Vous soutenez là, monsieur, une doctrine désolante, et si tous les hommes partageaient vos idées, le monde qui l'est assez déjà deviendrait bien triste.

— Oui, madame, je l'avoue; mais c'est ainsi; je ne puis renier mes principes; le premier j'ai été obligé de me rendre à l'évidence. Je sais bien que la vérité désespère toujours; aussi l'homme a inventé le mensonge, et, selon son habitude éternelle, il abuse de l'invention.

— Voilà au moins un système qui nous fixe sur l'avenir du comte de Gestain, dit le jeune vicomte Albert de Saint-Marc, qui depuis un instant gardait un silence plein de réticences.

Il démolira sa maison, cultivera toute sa vie le célibat, évitera soigneusement les adieux conjugaux et, avec ces trois précautions adroites, le Panthéon ne lui échappera pas.

— La matière est sérieuse, mon ami, répondit gravement le comte. Trêve donc pour le moment à vos impitoyables railleries.

— Comment donc! mais je ne raille pas; je parle aussi sérieusement que vous pour le moins. Vous avez merveilleusement exposé la théorie et je l'applique.

— En attendant, dit la marquise, que faites-vous de vos loisirs, monsieur de Gestain?

— Je les regrette, madame, lorsqu'ils ne sont pas dépensés auprès de vous.

— Ah! très-bien! fit le vicomte de Saint-Marc, voici déjà un amendement honorable.

— Comte de Gestain, poursuivit la belle veuve, sans faire attention à l'observation du jeune vicomte, et donnant à sa voix un accent presque sévère et tout nouveau pour ses oisifs interlocuteurs, — je ne vous demande pas une réponse de pure galanterie; je sais que là-dessus vous ne serez jamais en reste avec personne.....

Je veux essayer de vous faire parler une fois d'une façon réellement sérieuse. Répondez donc à la question que je vous adresse... quel emploi donnez-vous à votre jeunesse, à votre opulence, à votre esprit?...

— Madame, puisque vous le désirez, je

répondrai en donnant aux lignes de ma figure tout le sérieux qu'elles peuvent garder. J'emploie ma jeunesse à vieillir, mon opulence à m'appauvrir et mon esprit à me désennuyer.

— Très-bien, monsieur, et je vous remercie de mettre autant d'idées sous aussi peu de mots dans une réponse sérieuse.

— Vous êtes trop indulgente, madame.

— Maintenant, écoutez encore, et soyez aussi précis. Avez-vous par hasard quelques-uns de ces terribles soucis domestiques qui empêchent de composer un poëme épique, par exemple, ou de faire quelque découverte utile, ou de gagner une de ces batailles qui reculent les bornes de la civilisation et accroissent la gloire d'un pays?

— Non, madame

— Et vous restez oisif, monsieur le comte, lorsque vous pouvez si promptement répondre par un non aussi sec!

— L'oisiveté pour nous, madame, et à notre âge, est le plus dur de tous les travaux.

— Oui, mais c'est le seul travail qui ne produise rien.

— Ce n'est point notre faute, madame ; ce n'est pas nous qui l'avons inventé.

— Et vous, M. Albert de Saint-Marc, à quel utile avenir réservez-vous votre inutile présent?

Le jeune vicomte, déconcerté par cette brusque interpellation à laquelle il ne s'attendait nullement, fut sur le point de laisser l'interrogation sans réponse ; mais il se remit en un clin d'œil, et, d'une voix qui ne trahissait pas son émotion intérieure :

— Madame, dit-il, c'est la première fois que je me souviens qu'il y a un avenir.

— Alors, je suis enchantée, monsieur, d'avoir aidé votre souvenir un peu trop oublieux.

— L'avenir, poursuivit Albert, a un très-grand tort, celui de détruire les charmes du moment.

— Comment, monsieur ?

— Oh ! d'une façon bien simple : il n'y aurait pas en ce monde un seul plaisir véritable, si l'on avait sans cesse une pensée pour ce grand ravageur qui se nomme le lendemain, en style de calendrier ; voilà pourquoi je borne mon existence à la veille, ayant pris au pied de la lettre pour régler ma conduite ces quatre vers d'un de vos poëtes les plus aimés, madame :

> « C'est au hasard qu'il faut vivre :
> « Oh, vivons insoucieux !
> « Notre avenir est un livre
> « Qui nous tombe écrit des cieux. »

— Eh bien ! soit, M. de Saint-Marc, dit la marquise avec un sourire grave ; que faites-vous donc la veille ?

— Tout ce qu'on peut faire à vingt-six ans, madame, lorsque l'on ne fait rien par profession.

— Et vous, messieurs? demanda la belle veuve en se tournant vers les deux autres adorateurs qui assistaient à cet entretien, et vous, messieurs, avez-vous aussi embrassé la profession de vos nobles amis?

Les Prétendants.

(SUITE.)

V.

Les deux taciturnes soupirants étaient deux beaux jeunes hommes qui auraient brillé au premier rang dans tout autre salon que dans le kiosque d'été de madame de Sylvabelle. Comme le comte Daniel de Gestain et le vicomte Albert de Saint-Marc, ils portaient deux noms qui avaient été illustrés par leurs aïeux, et rien en eux ne démentait cette noble origine.

S'ils se condamnaient d'ordinaire au rôle d'auditeurs muets, c'était pure délicatesse de leur part, leur âge moins avancé que celui de leurs jeunes amis ne leur permettant pas d'émettre des opinions aussi tranchées que les leurs. Ils avaient écouté tout cet entretien aux angles du balcon dans une immobile pose de cariatides.

Quand la marquise de Sylvabelle leur

adressa la parole comme pour faire subir à chacun de ses visiteurs à son tour un interrogatoire, ils lancèrent à la belle jeune femme un double regard d'amour timide et firent simultanément le geste qui signifiait : Il n'y a pas d'autre profession pour nous que celle de n'en point avoir.

— Ma foi ! dit Albert de Saint-Marc avec une légèreté charmante, c'est déjà bien assez que de prendre la peine d'exister.

— Vraiment, monsieur le vicomte, vous dites cela comme si la vie était pour vous le plus lourd des fardeaux.

— Jugez plutôt, madame la marquise, avant

de condamner. Nous avons chaque jour un terrible duel à soutenir contre l'ennui, et notre adversaire est fort adroit. Ayez pitié de la jeunesse, madame ; après la vieillesse, c'est ce qu'il y a de plus sacré.

Si nous voulons écrire, on nous dit que nous sommes trop jeunes ; si nous voulons être soldats, on nous dit que nous sommes trop vieux ; si nous voulons nous mêler aux affaires publiques, on nous dit que nous sommes des enfants et qu'à notre âge, on n'y saurait rien entendre : pour être pair de France, il faut gagner une bataille ou compter un quart de siècle de service dans une manufacture de cachemires ou de lois ;

pour être député, il faut être né depuis trente ans au moins ; il est fort difficile d'avoir trente ans à vingt-cinq !

La carrière industrielle n'est pas la nôtre : il ne saurait nous convenir de mêler nos noms aux tripotages de la Bourse et nous ne pouvons, par ce temps d'agiotage, compromettre des fortunes patrimoniales dans des spéculations hasardées ! A quoi sommes-nous bons ? Comment pouvons-nous nous rendre utiles ?

Je m'adresse à moi-même cette double question cent fois par jour, prêt à m'engager dans le premier sentier qui se présentera.

Mais l'éternelle question reste éternellement sans réponse. Alors je regarde ce qui se fait ou, pour mieux dire, ce qui ne se fait pas autour de moi, à côté de moi, dans notre jeunesse de salons et de club? Je vois tous mes jeunes et opulents amis aussi embarrassés que moi.

Quelques-uns ont arrangé une manière d'épuiser les vingt-quatre heures de la journée, et je me mets à la suite par impuissance d'invention. C'est dur à avouer, mais c'est ainsi. Je cultive avec un soin tout spécial les inutilités de haute vie, *high-life*, comme disent les Anglais.

J'ai commencé par les voyages; et quand

j'ai eu visité assez de villes et de monuments, vu assez de montagnes et de collines, de fleuves et de mers, je suis revenu ; et maintenant je livre mes heures à l'escrime, au tir, au maquignon, au tailleur, au whist, à l'agent de change, à tout homme, à toute chose enfin, qui a dix minutes ou dix louis à prendre à ma montre ou à ma bourse. Je discute la coupe et la forme de mes habits avec mon tailleur par passe-temps; j'essaie mes chevaux moi-même.

Vous voyez, madame, que le travail est mon Dieu, puisque je l'honore d'une si laborieuse activité.

— Voilà, monsieur, dit la marquise quand

Albert de Saint-Marc eut fini de parler, une grande dépense d'or et de minutes bien justifiée, je l'avoue, et qui ne peut manquer de donner un grand éclat et un nouveau lustre à votre nom.

— Regardez autour de vous, madame ; à notre époque, les noms ne sont pas heureux ; ils ont plus de peine que d'autres à percer quand ils sont beaux.

— Vicomte Albert, ajouta madame de Sylvabelle, avez-vous jamais dans vos loisirs si occupés trouvé l'heure et l'occasion de blasonner vos armes?

— Oui, madame; c'est une fantaisie qui m'a traversé l'esprit, et j'ai réussi avec le secours héraldique du père Ménétrier :

— Eh bien ! que portez-vous sur vos armes ?

— Voici mon blason tout entier, madame : *Je porte d'azur, à la coquille d'argent en abyme, avec un chef cousu de gueules, au soleil d'or horizonté.*

— Bravo ! s'écrièrent à la fois les trois autres jeunes gens. Vu la gravité de la circonstance, les deux muets avaient cru devoir rompre leur silence habituel.

Si madame de Sylvabelle leur eût demandé leur blason, ils n'auraient pas trouvé une parole.

— Avec quelle agilité de mémoire et quelle sûreté d'expressions propres, il nous a débité ses armoiries ! dit le comte Daniel.

Je demande dix ans d'études spéciales et le secours de dix pères Ménétrier pour être de cette force sur le mien.

Les deux taciturnes soupirants firent un sourire d'approbation à ces paroles du comte de Gestain..

Une leçon de blason.

VI.

— Oh! c'est une justice à lui rendre, dit la marquise, M. de Saint-Marc prononce très-bien et sans aucune hésitation tous les mots d'une fort belle langue que nous avons presque tous malheureusement oubliée. Il connaît admirablement la *lettre* de ses armes : mais je voudrais savoir, pure curiosité de femme, s'il en connaît aussi bien l'*esprit*.

La jeune veuve appuya fortement sur les deux mots sacramentels de cette phrase, et parut attendre la réponse avec une certaine anxiété qu'avait trahie le son de la voix.

— Madame, dit Albert, après une pause, l'*esprit* est obscur et la *lettre* est lumineuse ! J'ai lu la lettre, mais je vois fort mal dans les ténèbres, je l'avoue.

— Me permettez-vous de vous éclairer, M. de Saint-Marc ?

— Volontiers, madame la marquise.

— Votre blason raconte une merveilleuse histoire...

— Vraiment !

— Votre aïeul Ferdinand de Saint-Marc avait comme vous un armurier, un maquignon, un tailleur qui lui prenaient dix minutes, car lui aussi cherchait à dépenser son temps et son argent.

Son tailleur se nommait Bartholomeo Ghiri, un fort habile ouvrier qui tenait son atelier à Venise bien avant que Staub et Humann fussent venus lever boutique à Paris. Sur l'ordre de Ferdinand de Saint-Marc, Bartholomeo Ghiri confectionna donc, avec de l'acier bien trempé, une armure complète que votre aïeul revêtit sur la brèche de Rhodes, à côté de l'héroïque l'Ile-Adam et qu'il montra encore aux infidèles sur le rocher ou les galères de Malte, où il défendait l'héritage chrétien des Angevins et de Charles d'Anjou.

Vos pères, vicomte de Saint-Marc, furent des hommes fort redoutés des Sarrasins et des Turcs; c'étaient de rudes champions de la foi chrétienne et de la civilisation qu'elle représente; leur glaive rentrait rarement au fourreau dans ces temps où l'honneur appelait tout chevalier sur le champ de bataille!...

La *pièce* de votre blason rappelle la croisade, les *gueules* cousues à la couleur le sang versé loyalement par l'épée et la lance, pendant que le *soleil* du chef signifie qu'un grand nom se levait alors comme un astre à l'horizon.....

A-t-il achevé sa carrière depuis le règne de Charles-Quint?..... Répondez-moi, je vous prie, vicomte de Saint-Marc.

— Madame, dit Albert avec une voix révoltée contre une émotion visible, mon aïeul Ferdinand, de qui je tiens les armes que je porte, était de son époque et je suis de la mienne.

Le jeune homme s'arrêta un instant, troublé par le regard que la marquise de Sylvabelle tenait obstinément fixé sur lui; puis il reprit avec un accent plus ferme :

— Il n'y a plus aujourd'hui de chevaliers de Malte qu'au théâtre de l'Ambigu-Comique. Dans les armées, l'invention de l'artillerie a remplacé la force et le courage personnels par le nombre et la justesse du coup d'œil. Le boulevart Italien m'écraserait par un éclat de rire foudroyant si je m'y promenais avec une cuirasse de Venise et une armure complète sortie des ateliers de Bartholomeo Ghiri ou de tout autre habile ouvrier de ces temps épiques.

Malte aujourd'hui est une terre anglaise, un point qui commande la navigation dans la Méditerranée, et que pour ce motif nos voisins de la Grande-Bretagne n'abandonneront pas aisément.

La reine d'Espagne n'a pas la force de volonté et la puissance de Charles-Quint pour les expulser violemment de cette île et m'en donner le commandement à titre de grand-maître.

Il n'y a plus maintement de croisade contre les Turcs, que nous laissons se morfondre à Constantinople et achever de s'abâtardir dans les magnifiques maisons de plaisance du Bosphore.

Nous sommes les meilleurs amis du monde avec Méhémet-Ali, qui possède Jérusalem comme il possède l'Égypte, où nous avons cependant deux fois établi notre puissance.

Nous protégeons les empereurs de Tunis, de Maroc, de Tittéry, de Tanger, de Fez, de

Tombouctou, de je ne sais plus où encore.
Nous signons avec eux des traités sérieux que
nous exécutons à la lettre.

Nous envoyons des paquebots chargés d'estime au sultan de Constantinople, notre plus vieux et notre plus fidèle allié. Nous courtisons ses visirs, nous faisons des cadeaux aux femmes de son harem.

Que dis-je? les Turcs mêmes n'existent plus : ils nous prennent nos modes et nos goûts, et nous prenons les leurs.

En Algérie, le peu de guerre qui nous reste pour nos distractions est dans les plis du turban d'un émir dont nous grossissons la valeur. Nos aïeux avaient tout, et nous n'avons que la paix.

— Vous connaissez mal vos richesses, dit la marquise en se levant, et je vous le prouverai. J'espère même qu'alors le comte de Gestain ne mettra pas dix ans à apprendre la lettre et l'esprit du blason de sa famille.

— On apprend vite à vos leçons, madame, dit Daniel, et dans une heure j'ai deviné ce que sans vous j'aurais sans doute ignoré.

L'entretien ayant dépassé les limites ordinaires, les quatre visiteurs se levèrent avec précipitation pour prendre congé de la belle veuve qui leur dit, en les quittant, avec une grâce divine et un accent plein de promesses pour l'avenir :

— A bientôt, mes amis !

Entretien de salon.

VII.

Ce *bientôt* arriva le lendemain. Car chaque jour madame de Sylvabelle recevait ses adorateurs, et malgré la gravité de l'entretien de la veille, aucun n'avait cru devoir déroger à ses habitudes quotidiennes.

A l'heure où le monde fashionable se rend au bois de Boulogne, quatre jeunes gens, échelonnés à diverses distances, longeaient la berge de la rivière au galop de leurs chevaux de race, et bientôt ils se trouvèrent devant l'ermitage d'été de la marquise de Sylvabelle.

Ils ne s'étaient pas vus depuis la veille, ils n'avaient en se séparant échangé aucune parole, et cependant ils arrivaient tous les quatre à l'heure ordinaire, comme si les derniers mots de la belle veuve avaient assigné un solennel rendez-vous.

Cette exactitude du reste était de bon augure.

Elle prouvait toute l'importance que ces jeunes gens attachaient à un entretien commencé par des futilités, et sérieusement terminé.

En effet le comte Daniel de Gestain et le vicomte Albert de Saint-Marc cachaient sous leur dandysme affecté une de ces natures ardentes qui sont toujours prêtes à accomplir toutes les belles actions.

Qui eût voulu les juger sur l'enveloppe se serait singulièrement trompé.

Car en grattant l'écorce, on retrouvait avec la même sève et la même vigueur l'arbre qui perdait ses racines dans les Croisades. Volontiers ils eussent imité leurs aïeux, marchant avec une idée généreuse à quelque noble entreprise.

Mais, comme ils l'avaient dit, les temps étaient bien changés.

Et si nous ne parlons ici que du comte Daniel et du vicomte Albert, c'est que les deux autres ne jouent qu'un rôle de comparses dans cette histoire.

Ce jour-là les *vieux amis,* comme les nommait la marquise de Sylvabelle, et dont le plus âgé ne comptait pas vingt-six ans, furent reçus dans le salon de la belle veuve, et cette innovation annonçait un projet mystérieux qui exerçait les conjectures.

Cependant l'ardente chaleur de midi tempérée par la fraîcheur des eaux, l'enivrement du parfum des fleurs, le plaisir qu'on éprouve à se laisser aller aux causeries intimes lorsque les yeux se reposent sur un paysage enchanteur, tout au contraire semblait inviter les habitués de l'ermitage à préférer le petit kiosque où ils se réunissaient d'ordinaire.

Deux heures avaient sonné à l'église Notre-

Dame-de-Chaillot. Les quatre jeunes hommes avaient écouté l'horloge avec anxiété. Car, madame de Sylvabelle n'était point encore descendue, et ils ne savaient comment expliquer ce retard et ces dérangements dans les habitudes de la maison.

Le cœur battait violemment dans toutes les poitrines, et les regards de ces adorateurs s'attachaient avec obstination sur la bienheureuse porte qui allait s'ouvrir devant la divinité attendue.

Chacun s'était placé dans le salon de manière à recevoir le premier regard, le premier sourire de la belle veuve.

Le comte Daniel de Gestain et le vicomte de Saint-Marc s'étaient amicalement rapprochés, et, assis à l'écart, ils causaient à voix basse, pour tromper l'ennui d'une attente déjà longue.

Leur conversation avait un caractère sérieux ; mais pour humilier leurs voisins et dérouter les conjectures, ils affectaient une grande gaîté de gestes et de visages qui ne venait pas du cœur.

Les deux autres soupirants tantôt se promenaient dans le salon, tantôt s'accoudaient au balcon de la fenêtre, comme pour respirer la brise embaumée qui soufflait de la rivière et arrivait à la maison en s'imprégnant des suaves odeurs des parterres.

Mais au moindre bruit qui se faisait entendre dans l'intérieur, ils regagnaient la place qu'ils avaient choisie pour cet entretien qui devait décider de tant de destinées.

— Tout cela, disait le comte Daniel à l'oreille de son ami, prend une tournure solennelle et d'apparat qui ne peut nous cacher que des surprises. Qu'en pensez-vous, vicomte?

—Après la conversation que nous avons eue hier, je ne pense plus rien, mon cher de Gestain. Mon esprit craint toujours de s'égarer en devinant; je n'ose m'aventurer dans les conjectures.

— Pour moi, en cherchant dans l'histoire, je trouve que nous ressemblons ici à ce congrès de rois qui se rendirent à Babylone dans l'espérance d'épouser la belle Sémiramis.

Je suis tenté d'entonner le chœur *fra tanti regi*, à l'arrivée de madame de Sylvabelle. M'accompagnez-vous, Albert?

— Vous savez, Daniel, dit le vicomte de Saint-Marc, que la belle Sémiramis fit fort bon accueil à tous ces rois qui prétendaient à sa main, et puis qu'elle n'épousa personne.

— Mais je sais aussi qu'en entrant dans le palais impérial de Babylone, tous les prétendants avaient fait le serment solennel de respecter le choix de la reine, quel qu'il fût.

— Mais ce serment en lui-même impliquait une condition, comte Daniel; et cette condition devait être remplie...

— Sans doute, Albert, ce serment ne pouvait lier que si la reine faisait un choix parmi les poursuivants.

— Et elle n'en fit point, interrompit le vicomte de Saint-Marc, puisqu'elle resta veuve et passa sa vie à guerroyer de tous côtés.

— Et celle-ci fera comme l'autre, elle va peut-être exiger de nous un serment, et ne choisira personne.

— Tant mieux ! dit Albert, il n'y aura point de jaloux.

— Avec le serment, il ne saurait y en avoir. Ils auraient tort.

— Au reste, que parlez-vous de serment?.. Je crois que personne ici ne songe sérieusement à épouser la belle veuve...

— Quelle étrange calomnie dites-vous là, mon cher Albert!...

— Mais je ne calomnie pas, mon ami, je dis mon opinion.

— Et alors que faisons-nous tous, dans cette maison, si personne ne songe sérieusement à épouser madame de Sylvabelle? Réfléchissez à vos paroles, mon cher vicomte, et revenez de votre erreur.

— J'y ai réfléchi, mon cher comte. Et si je m'exprime ainsi, c'est que je sais parfaitement ce que nous faisons dans cette maison.

— Ah! voyons.

— Nous sommes ici sous un charme qui nous défend de songer à quelque chose de raisonnable ou d'insensé. Notre pensée ne nous appartient plus.

Nous respirons un air qui nous enivre; nous écoutons une voix qui nous enchante; nous écoutons des paroles dont l'harmonie nous paraît plus douce que celle des plus douces mélodies; nous regardons une femme qui nous ravit; nous sommes heureux enfin, en nous expliquant à peine pourquoi et comment.

Il ne faut donc pas être exigeant avec le bonheur; il faut le cueillir comme un fruit délicieux et ne pas demander à l'avenir incertain ce que le présent a la bonté de nous accorder.

— Mon cher Albert, il y a des degrés dans le bonheur.

— Vous avez raison, comte de Gestain; et, quant à moi, je me contente de la part qui m'est échue auprès de madame de Sylvabelle.

— Je ne saurais vous imiter, mon ami; je suis ambitieux auprès d'une jeune et jolie femme, et malgré la douceur de tous les songes du présent, je suis partisan des réalités de l'avenir.

— L'avenir promet, mon cher Daniel, le présent donne.

— Au reste, ajouta le comte de Gestain sans écouter M. de Saint-Marc, soyez assuré que madame de Sylvabelle arrive aujourd'hui devant nous avec un projet arrêté.

Sa conversation d'hier avait un sens caché que nous n'avons pas saisi. Nous allons voir, sans doute, changer la face de cette maison.

— Tant pis, comte Daniel! je déteste et je crains les révolutions, surtout les révolutions domestiques; et si la belle veuve en fait une aujourd'hui, nous regretterons l'ancien régime demain.

A ces derniers mots, la porte du fond s'ouvrit et la marquise de Sylvabelle entra dans le salon.

Entretien de salon.

(SUITE.)

VIII.

Jamais, depuis les premiers jours de son veuvage, elle n'avait paru si belle à ses adorateurs. Le teint avait des éclats lumineux qui semblaient rayonner autour de son visage, et faire détacher plus nettement encore les lignes pures des traits.

La peau avait des reflets transparents qui permettaient d'apercevoir les veinules bleues dans lesquelles circulaient le sang et la vie.

Elle portait une toilette des plus simples, par égoïsme de coquetterie. Aucun accessoire d'étoffes, de dentelles, de rubans, n'avait rien à réclamer ainsi dans le triomphe de la séduction.

Une robe d'été, légère comme des ailes de papillons, serrée à la taille par un ruban de deuil, laissait deviner plutôt qu'elle ne dessinait toute la grâce et l'élégance de ces formes exquises qui sont le privilége de la beauté parfaite.

Pour toute coiffure, elle portait ses longs cheveux noués et relevés derrière la tête par un peigne d'écaille, pendant que des boucles soyeuses et abondantes se partageaient au milieu du front, et tombaient de chaque côté en cascades ondoyantes jusque sur les épaules.

Elle entra le sourire aux lèvres, et son premier regard eut un éclat circulaire si rapide que chacun des quatre visiteurs le reçut à son adresse, et en fut touché au cœur comme par une flèche acérée.

Selon sa coutume, madame de Willers accompagnait sa nièce, et elle aussi apportait dans cette conférence solennelle une figure si épanouie, qu'on eût dit qu'elle était déjà dans les secrets de la marquise.

— Messieurs, dit madame de Sylvabelle avec un geste plein de grâce qui invitait ses visiteurs à s'asseoir, — il me semble que, depuis quelque temps, nous avons épuisé tous les genres de conversation : c'est ce qui arrive bien vite, quand on se rencontre trop souvent.

L'art n'enfante pas tous les jours un chef-d'œuvre pour défrayer nos loisirs; et les considérations prises dans un autre ordre ont le tort souverain d'ennuyer.

Nous avons banni la politique de nos causeries, et nous avons bien fait. Nous n'avons rien à dire quand il y a des chambres parlementaires, dont la mission spéciale est de parler. J'accorde donc volontiers la parole à celui d'entre vous qui aura quelque chose de nouveau ou d'intéressant à nous raconter.

A ces mots, il se fit un silence général dans le salon. Nulle voix ne s'éleva pour réclamer la parole accordée par la marquise.

Un instant encore un écho mélodieux redit les derniers sons échappés aux lèvres de madame de Sylvabelle; mais bientôt tout s'éteignit.

— C'est bien! poursuivit la belle veuve, comme si par ce monosyllabe elle eût voulu constater l'approbation muette donnée à ce qu'elle venait de dire. — Vous le voyez, messieurs, tout a vieilli, tout est usé autour de nous. Le lendemain ne fait que recommencer la veille; le nouveau ne prend plus la peine de naître; la monotonie a déjà fait invasion, et si j'avais l'honneur de vous recevoir quelques semaines encore, aux mêmes heures, nous serions obligés de garder le silence ou, si nous ne voulions pas rester bouche close, de recommencer de vieux entretiens.

Puisque vous ne trouvez pas, il faut donc que je vienne à votre aide et que j'invente du nouveau. Il paraît que ce rôle échoit à la femme désormais..... Comte de Gestain, vicomte de Saint-Marc, nous avons beaucoup causé hier et de beaucoup de choses : Avez-vous trouvé quelques minutes dans vos loisirs pour réfléchir aux derniers mots de notre dernière conversation ?

— Oui, madame, dit Daniel.

— Le comte de Gestain m'a pris ma réponse

sur les lèvres, dit Albert, je suis l'écho de mon ami.

— Voyons, messieurs, dites-nous alors, demanda la jeune veuve, ce que vous avez résolu de faire après vos réflexions? Car, sans doute, en réfléchissant vous avez dû prendre un parti.

— Non, madame; après réflexion, nous sommes obligés de faire ce que nous faisions avant; on ne se corrige pas de ses vertus.

— Êtes-vous encore cette fois l'écho de votre ami, monsieur de Saint-Marc? demanda la marquise avec un sourire délicieux d'ironie.

— Encore cette fois, madame, si vous aimez les échos.

Durant tous ces dialogues, les quatre jeunes gens attentifs avaient cherché vainement à pénétrer les intentions de madame de Sylvabelle.

Aucun d'eux ne pouvait deviner vers quel but mystérieux tendaient ces demandes et ces réponses.

Et cependant tous voyaient clairement que la charmante femme allait éclater avec une de ces propositions étranges qui saisissent à l'improviste et suppriment toute résistance.

On est alors, malgré soi, entraîné par une volonté souveraine contre laquelle on essaierait en vain de se raidir.

Le comte de Gestain consultait du regard le vicomte de Saint-Marc, mais l'œil de celui-ci restait sans pensée ou ne trahissait que les anxiétés de l'esprit.

Les deux autres jeunes gens ne cherchaient pas même à deviner où on allait les conduire.

Prêts à tout pour obtenir un regard de bienveillance de celle qu'ils adoraient avec la timidité des premières amours, peu leur importait de pénétrer avant l'heure dans les pensées de la marquise.

Ils attendaient résignés qu'elle se dévoilât, et leur dévouement était assuré d'avance à tous ses désirs.

Pendant ce temps, madame de Sylvabelle croisait ses jolis pieds sur un tabouret, ses bras sur son sein, et, laissant pencher légèrement sa tête sur l'épaule droite, elle semblait se consulter intérieurement avant de reprendre la parole.

Enfin elle rompit le silence qui avait succédé aux derniers mots d'Albert de Saint-Marc, et dit :

— Savez-vous, messieurs, que nous n'inventons rien, et que le nouveau est plus impossible que jamais! car celui que j'ai à vous offrir n'est que du vieux à l'état de résurrection.

— Dites-nous votre vieux, madame, dit Daniel de Gestain, et s'il ne dépend que de nous, il retrouvera son premier lustre.

— Eh bien! écoutez-moi.

— Nous sommes tout oreilles, madame, dit Albert.

— Mon histoire commencera comme un conte.

Il y avait autrefois de jeunes gentilshommes français, comme vous, messieurs, pleins de vaillance et qui se plaignaient du repos et de l'oisiveté que leur faisait l'absence de la guerre sur les terres voisines.

Ils avaient bien la chasse et le tournoi pour se distraire ; mais quand ils avaient couru un cerf et forcé un sanglier ou rompu quelques lances, ils retombaient dans leur ennui.

Alors ils se réunissaient chaque jour dans quelque manoir breton ou normand, et là, durant de longues heures, faisaient cercle autour d'une châtelaine, en devisant de chasses, de meutes, de haquenées, de sirventes, de fauconneries, de galants exploits. Chacun se plaisait à ces doux propos et trouvait moins rude à supporter le poids du jour. Arrivait pourtant une heure de lassitude où, toutes les histoires et tous les contes et toutes les aventures étant épuisés, l'entretien tombait en langueur, et alors la noble dame disait d'une voix solennelle et émue : Mes beaux sires, il y a Tancrède et Robert Guiscard ou Charles d'Anjou et le comte Raymond, qui s'en vont pérégriner en Orient et batailler à la délivrance du Saint-Tombeau que nous détiennent les Infidèles. Le gonfanon de la Croix est arboré sur les galères de Gênes, de Marseille et d'Aigues-Morte. Venise même a prêté les siennes. Une folie sublime ébranle la chrétienté française, un vaste champ de bataille est ouvert aux vaillantises de tous. Chacun peut lever sa bannière et se joindre à ceux qui partent. Ceux qui restent en arrière vont recevoir la *barre* de flétrissure à leur blason... Ces paroles dites, la noble dame regardait les chevaliers qui l'entouraient. Une flamme nouvelle brillait dans tous les yeux. Nos vaillants oisifs s'étaient levés et avaient détaché les panoplies qui se rouillaient au vestibule. Tous avaient pris la Croix et ne rêvant plus que batailles, étaient prêts à partir, sans savoir s'ils reviendraient jamais. Le lendemain, toute joie avait déserté le manoir, et l'on ne voyait plus à la longue veillée, autour de la table de chêne, que des femmes tristes, filant le lin, n'osant prononcer une parole, et récitant tout bas la prière des croisés.

Madame de Sylvabelle s'arrêta. Elle voyait sur les visages de ses auditeurs l'effet que produisaient ses paroles. Nul parmi ces nobles jeunes hommes ne cherchait à cacher son émotion. C'était l'histoire de leurs pères que la marquise venait d'exquisser en quelques mots.

Noblesse oblige.

IX.

Après une pause laissée à la réflexion, elle reprit d'un ton léger :

— Eh bien ! messieurs, cela est-il vrai ?

— Très-vrai, madame, répondirent quatre voix.

— Je suis touchée de votre réponse; mais si vous aviez gardé le silence, ce silence lui-même m'aurait répondu. Mais il est une autre chose, je le sais, que votre esprit n'ose me répondre et qu'il pense cependant. Vous, surtout, monsieur de Saint-Marc, vous m'avez déjà formellement exprimé hier votre opinion. Ce ne sont pas les croisés, m'avez-vous dit, qui manquent aujourd'hui, ce sont les croisades.

— Cela est juste, madame.

— Vous avez raison, vicomte de Saint-Marc,

cela paraît juste au premier coup d'œil. Nous avons en effet, à cette heure, nous aussi une question d'Orient, comme nos pères ; mais celle-là se débrouille paisiblement sous la navette de la diplomatie.

— Je suis heureux de vous voir de mon avis, madame.

— Attendez donc, M. de Saint-Marc. Oui, à mon sens comme au vôtre, de nos jours l'ermite Pierre aurait plus de chances de succès dans un poste de chancelier que sur une chaire. Toutes ces questions nous trouveront d'accord ; c'est le temps qui le veut ainsi. Prenons donc le siècle tel qu'il est ; ne cherchons pas à remonter le cours des âges. Chaque époque a son labeur, et si nos pères ont fait le leur en suivant Tancrède et Godefroy, croyons bien que nous avons le nôtre à accomplir. Il y a des croisades de tout genre, et la *noblesse* qui *oblige* toujours à faire quelque chose, n'a pas exclusivement réservé ses impérieuses prescriptions aux batailles de Jérusalem.

— Cela est incontestable, madame, dit tout-à-coup le comte de Gestain en interrompant la marquise, et je suis désolé de voir que vous avez si souverainement raison.

Les trois autres auditeurs approuvèrent par un geste expressif ces paroles du comte Daniel.

— Cela étant reconnu, poursuivit madame de Sylvabelle, comte de Gestain, vous cesserez demain d'avoir tort...

— Comment cela, madame?

—Permettez-moi d'ajouter encore quelques mots.

— Nous écoutons.

— Si vous avez étudié l'histoire du vieux temps, vous aurez sans doute remarqué l'influence de la femme sur toutes les nobles entreprises. Aujourd'hui, en cessant d'être barbares, vous avez muré la femme dans son gynecée; là, elle attend un notaire, un contrat et un époux. Les mariages sont cotés et sagement débattus entre amis et parents, à l'exclusion des deux intéressés. Toutes les ambitions du moment ne sont plus remuées par l'esprit de la femme : ce n'est plus pour elle que l'homme veut illustrer ses travaux. On ne se fait point soldat, électeur, député, conseiller municipal, pour *plaire à deux beaux yeux*, comme on disait aux siècles barbares...

Une hilarité de bon goût dérida subitement le cercle des adorateurs, et interrompit la phrase de la belle marquise.

— Autrefois, avant notre civilisation, poursuivit-elle, la femme gouvernait ce pays ; nous pouvons même remonter jusqu'à la druidesse gauloise qui rassemblait des armées entières en poussant un cri, et qui annonçait déjà, sous le chêne d'Armorique, la jeune vierge de Vaucouleurs dont se souviennent les Anglais. Dans ces brillants tournois où mille gentilshommes chantaient le refrain *honneur et los à ces doulx anges du paradis*, et saluaient la reine de la lice, aucun des tenants n'était excité par l'idée bourgeoise d'épouser un jour cette reine. On brisait dix lances, on démantelait une bonne armure d'acier, pour gagner un sourire sans lendemain ; c'était un enthousiasme pur, qui croyait, à ce prix, être généreusement payé de ses travaux, et même de la mort.

— Quelle merveilleuse époque! dit le comte de Gestain; et que nous sommes loin de ce temps-là!

— Comte de Gestain, poursuivit la marquise de Simian, croyez-vous que ce temps puisse revenir?

— Veuillez bien vous expliquer, madame, dit le comte Daniel, car votre demande est un peu obscure. Je ne crois pas au retour de la vogue des croisades et des tournois; mais je crois que l'influence souveraine de la femme peut renaître dans notre pays.

— Il paraît, comte de Gestain, dit la jeune veuve, que ma demande avait une obscurité fort claire, puisque vous avez répondu selon mes vœux. Il est fort difficile d'admettre qu'aujourd'hui, en 1846, on puisse convoquer, par affiches, dans la plaine de Satory, ou au rond-point des Champs-Élysées, une centaine de chevaliers en frac noir, devant une tribune de *doulx anges du paradis*, pour exécuter un tournoi à fer émoulu. Le préfet de police, d'ailleurs, ne le permettrait pas. Or, si la femme reprenait, de nos jours, son influence souveraine, elle ne pourrait plus l'exercer dans les luttes du champs-clos, ou pour la sublime folie de la Croix ; c'est incontestable. Il faudrait chercher ailleurs, et au-dessous.

— Au-dessous, madame? dit le comte de Gestain ; est-ce avec une intention que vous avez prononcé ces deux mots ?

— Oui.

— Je suis désespéré, madame, de croire que cette expression manque de justesse.

— Ah! voyons, monsieur le comte, expliquez-vous, je vous pardonne votre désespoir.

— Nous n'avons plus de croisades, nous n'avons plus de tournois; cela est vrai, madame, mais on se bat en Afrique pour la France, et cela vaut bien une croisade ou un tournoi à fer à émoulu.

—Ah! on se bat, en Afrique, pour la France! — dit la marquise avec ce ton d'ironie qui annonce à un interlocuteur qu'il vient de tomber dans un piége. — Ah! je suis bien aise de vous avoir fait découvrir cela, monsieur le comte. Ainsi, je pourrais, comme une châtelaine du moyen-âge, vous dire aujourd'hui : vous êtes jeune et brave; votre race est militaire; vos portraits d'ancêtres ont un pommeau d'épée en relief à l'angle du cadre; votre écu a, comme celui d'Aragon, un *pal de gueules* qui atteste le sang versé pour le pays; et vous êtes ici, occupé à vous faire de doux loisirs de ruelles, de coulisses, d'hippodrome, de boudoir et de club!

Le comte de Gestain se leva vivement, comme si un volcan eût éclaté sous ses pieds. Sa figure, toujours animée par un sourire charmant, prit une expression sévère, et ses lèvres convulsives semblaient retenir une phrase prête à s'échapper malgré lui.

— Madame, — dit-il avec un ton respectueux qu'il s'imposa par réflexion, — en 1830, j'étais enfant... Et vous savez tous les devoirs traditionnels qui m'ont été imposés par ma noble maison. Vous comprenez mieux que personne, madame, ces délicatesses de conduite ; si j'ai laissé dans son fourreau mon épée de famille, mes torts appartiennent à la circonstance qui les a créés.

— Fort bien ! comte Daniel ; la chaleur de votre justification vous absout mieux encore, à mes yeux, que la circonstance, — dit la jeune femme avec un regard lumineux de bonté ; — mais ce serait, de votre part, une grande erreur de croire que l'honorable scrupule qui a brisé une épée héréditaire, vous dégageait aussi de tout autre devoir ; et que, ne pouvant plus être soldat, il ne vous restait plus rien à faire dans la société.

— Madame, dit le comte de Gestain, je suis né avec la vocation des armes, et.....

— Laissez-moi vous interrompre, comte Daniel, avant la maturité de votre paradoxe en germe... L'intelligence crée les vocations. L'homme n'entre pas au monde avec un goût isolé. Les belles organisations excellent souvent dans les carrières les plus opposées, et sont à l'aise partout..... Connaissez-vous l'histoire du comte Gérard, dont le manoir est encore si beau, par ses ruines, dans les montagnes de la Bresse?

— Je connais le nom, j'ai vu le château, j'ignore l'histoire, répondit Daniel; vous êtes heureuse, vous, madame, de savoir tant de choses, soyez indulgente pour ceux qui ne savent rien.

— Voici en deux mots l'histoire, poursuivit madame de Simian.

Le comte Gérard avait une vocation décidée pour les armes, comme vous, comte Daniel : il guerroya au-delà des monts, et même en Orient, et ajouta deux *pièces* honorables à son blason de famille. Un jour, il rentra dans ses domaines, et une pensée de désenchantement militaire détermina chez lui une nouuelle vocation : les merveilles gothiques que l'illustre architecte Robert avait élevées sur les deux rives de la Saône, lui donnèrent à son tour l'idée de bâtir une église. Le guerrier se fit architecte, et nous lui devons la magnifique basilique de Notre-Dame-du-Brou, en Bresse. Cette grande œuvre à peine commencée inspira au comte Gérard une troisième vocation ; il fonda un monastère dont il devint le prieur, et mourut, avec le cilice, sur le grabat d'un couvent..... N'y a-t-il pas quelque enseignement dans cette histoire, comte Daniel?

— Impossible de le nier, madame.

— Oui, messieurs, poursuivit la marquise,

les hommes de cette époque avaient des existances fortement occupées ; ils marchaient à la vieillesse avec des jours pleins, et leurs corps, habitués à porter les armures, ne se seraient pas accommodés du doux loisir, en temps de paix. Ce serait encore une grande erreur de soutenir que notre époque seule est laborieuse, et que nos aïeux menaient une vie oisive. L'opinion contraire pourrait se soutenir avec succès. En parcourant la vieille France, on est étonné du nombre infini de châteaux, d'églises, de cloîtres, d'hôpitaux qui s'élèvent partout, et qui attestent le génie laborieux et artiste d'une nation à son plus haut degré de fécondité. Il fut un siècle où notre pays était un chantier immense qui nourrissait tous les travailleurs avec l'épargne de la noblesse et du clergé. Nous avons aujourd'hui les usines et les manufactures, et Dieu me garde d'en parler avec une légèreté railleuse, car le travaille ennoblit tout ; mais œuvre pour œuvre, salaire pour salaire, j'aime mieux la cathédrale de Sens qu'une raffinerie de sucre, et le cloître de Saint-Vandrille que le péristyle d'un chemin de fer : c'est peut-être une hérésie en économie politique, science qui est souvent hostile au goût et aux arts.

— Madame, — dit le comte de Gestain avec une émotion visible, — vous laissez admirablement deviner votre pensée à travers les mille détours de vos paroles. Vous donnez une excellente leçon aux écoliers qui vous écoutent, et on peut en faire un bon profit. En m'abandonnant au charme de votre discours, je craindrais d'en oublier le but; j'aime mieux prendre congé de vous, madame, afin de vous écouter de loin et de me recueillir.

— Eh bien ! — dit madame de Simian avec une sourire plein de finesse, qui ressemblait au plus doux et au plus redoutable des adieux.

Vous partez déjà, comte Daniel.... est-ce que nous avons épuisé la question?

— Elle était épuisée pour moi, madame, à votre première phrase. Au moins, lorsque vous proposez des énigmes vous avez soin, en commençant, d'en dire le mot à vos auditeurs.

— Ah! dit la belle veuve en riant, comte Daniel, vous allez faire passer mon salon pour une grotte du Sphinx et la colline de Passy pour le mont Cythéron. Au moins ceux qui ne devinent pas ne sont pas exposés à périr, puisque j'ai la charitable attention d'expliquer mes énigmes avant de les proposer... et vous, vicomte de Saint-Marc, êtes-vous devin comme M. de Gestain, votre ami?

— Oui, madame, je ne devine que ce qui est fort clair, par indolence de réflexion.

— Et vous, messieurs? — continua Thérèse de Simian en faisant circuler un sourire d'interrogation dans l'auditoire.

Les têtes s'inclinèrent pour répondre affirmativement.

— Alors, messieurs, dit la marquise avec une expression virile, je me promets d'être heureuse et fière lorsque j'aurai le plaisir de vous revoir.

Un changement singulier s'était manifesté sur les visages et dans le maintien des adorateurs de la belle veuve.

Ces jeunes hommes semblaient s'être renouvelés, au dernier entretien.

La Circé moderne avait opéré une métamorphose, ou du moins elle la préparait pour l'avenir.

Noble résolution.

X.

Le comte de Gestain et Albert de Saint-Marc montèrent à cheval à la grille du jardin, et tout en côtoyant la rivière jusqu'à la place Louis XV, où ils se séparèrent, ils eurent assez de temps pour échanger quelques réflexions.

— Mon cher Albert, dit Daniel, cette femme m'a bouleversé, je ne la reverrai plus.

— Vous vous trompez, comte Daniel, — dit Albert avec un regard significatif, — vous la reverrez.

— Si j'avais eu le malheur d'aimer cette femme, je porterais mon deuil en ce moment.

— Ah! vous ne l'aimez pas! remarqua le jeune Albert avec une naïveté fausse.

— Albert... ma tête ne m'appartient pas... je ne sais quel nom donner à ce que j'éprouve auprès de madame de Simian... je l'abhorre peut-être... ; peut-être la haine a aussi sa volupté, et je viens en savourer tous les charmes, chaque jour, dans cette maison.

— Voilà une découverte physiologique qui fera du bruit dans le monde savant et amoureux, — dit Albert en s'accompagnant d'une mélodie joyeuse. — S'il y avait une académie d'amour, comme une académie de science, le secrétaire perpétuel, l'Arago de l'histoire du cœur humain, ferait un rapport sur la volupté de la haine qui attire un jeune homme vers une belle veuve, tous les jours.

— Albert, trêve aux plaisenteries sérieuses, dit le comte Daniel, vous avez sans doute arrangé quelque plan, après cet étrange entretien.

— Je n'ai rien décidé encore, cher comte; mai je déciderai.

— Vraiment! dit Daniel en coupant l'air avec sa cravache, — vraiment il y a des caractères incroyables! voilà une jeune veuve qui a le rare bonheur de pleurer un mari qu'elle n'aimait pas vivant; elle est riche, triomphante, adorée; elle a autour d'elle une société indissoluble de jeunes gens qui ont la bonté de se cotiser, chaque jour, pour faire fumer devant son autel des nuages d'encens et d'esprit. Cela ferait la joie d'une reine constitutionnelle... Madame de Simian s'ennuie tout-à-coup de son amusement quotidien, elle donne congé au bonheur, avec la même malice ingénieuse dont elle se servirait contre des ennemis ! nous sommes tous chassés comme des vieillards ennuyeux et ruinés, amoureux d'une dot.

— Comte Daniel vous aimez vous tromper vous-même, dit Albert ; on ne vous chasse pas.

— Et que fait-on ?

— On nous envoie à la croisade, comte Daniel.

— Vous allez donc partir pour l'Orient, vous, vicomte de Saint-Marc?

— Je vais prendre mon passeport demain, rue de Jérusalem.

— Vicomte de Saint-Marc, causons une fois sérieusement; partez-vous ?

— Il le faut bien, mon cher Daniel; madame de Simian a usé du bénéfice de son sexe; elle nous a fait une rude leçon; il faut en profiter ou ne plus la revoir.

— Mais quel est son but, dit Daniel; en nous expédiant ainsi, çà et là, comme des circulaires vivantes? veut-elle mettre son mariage au concours, et donner sa main au plus digne? ce serait une pensée absurde et indigne d'une femme d'esprit.

— Comte Daniel, madame de Simian s'est expliqué avec une clarté suffisante; et en voici la preuve. J'ai suivi toutes les phrases du dernier entretien si chaudement engagé entre elle et vous.

Votre visage a trahi vos émotions intérieures; vous avez rendu hommage à la justice de ses leçons, et quoi que vous en disiez, en ce moment, comte Daniel, vous vous préparez à faire votre devoir, et *adviendra que pourra, la dame le veult!*

Le comte de Gestain tendit la main à Saint-Marc, sans prononcer un seul mot.

Arrivés sur la place Louis XV, les deux cavaliers s'arrêtèrent.

— Mon cher Albert, dit Daniel, nous allons nous séparer, et pour longtemps peut-être; mais veuillez bien prendre avec moi un engagement..., vous comptez revoir un jour, la belle enchanteresse...

— Eh! sans doute, mon cher Daniel, si je vous disais le contraire dans un moment de dépit, vous ne me croiriez pas ; comme je ne vous croyais pas moi-même, tout-à-l'heure. Oui, je reverrai madame de Simian. — Maintenant, Albert, ajouta Daniel, promettez-moi que nous la reverrons tous deux ensemble, le même jour.

— Ceci me paraît assez difficile, comte Daniel, si nous allons, vous, en Occident, et moi, en Orient, accomplir je ne sais trop quelle entreprise, notre rencontre...

— Pardon, Saint-Marc, si je coupe votre phrase. La chose est fort aisée. Nous ne voulons pas faire, je pense, une campagne de quinze jours, une course au clocher, une croisade de commis-voyageur. Fixons à un an la durée du premier chapitre de nos travaux, et en 1847, à pareil jour, si la mort n'y met pas obstacle, je vous attends dans ma maison de la rue de l'Université.

—Accepté de grand cœur, comte de Gestain. On ne meurt pas à notre âge, lorsqu'on a son lendemain à faire. Je serai exact au rendez-vous.

Les mains se serrèrent.

Le comte Daniel s'élança au galop de son

cheval vers le pont Louis XV, et Saint-Marc vers la Madeleine.

A une fort grande distance ils tournèrent la tête pour s'adresser un dernier adieu en agitant leurs mains.

Le Bagne.

XI.

Un soir des derniers jours du mois de juin 1846, le quai de Toulon offrait un aspect très-animé; deux régiments s'embarquaient pour l'Afrique.

Le *Marengo* et le *Friedland,* arrêtés comme deux îles noires plantées de mâts devant la grosse tour, étaient les deux points de mire de toutes les embarcations qui leur portaient des soldats voyageurs.

La proue des deux vaisseaux regardait la haute mer; les voiles se déroulaient aux antennes ; les longues flammes aiguisaient, à la cime des mâts, leurs pointes vers le midi.

L'immense rade avait cet air de fête qu'elle emprunte aux rayons du soleil, à la gaîté des collines, au murmure cadancé des avirons, au pavoisement des vaisseaux, à l'éclat des armes, et aux fanfares militaires qui semblent les voix harmonieuses de la mer.

La large palissade qui s'avance dans le port, devant l'Hôtel-de-Ville, était couv... spectateurs : leurs figures exprimaient cette curiosité calme qu'on apporte même aux spectacles les plus solennels, lorsqu'ils sont répétés ch... ...

Dans cette foule, un jeune homme seul, regardait ce tableau avec une attention pleine d'intérêt : son costume, quoique fort simple, annonçait un voyageur de distinction, et on devinait facilement qu'il venait d'arriver à Toulon, car les traces de la poussière du pays se laissaient encore apercevoir sur les boucles de ses cheveux.

C'était le jeune vicomte Albert de Saint-Marc.

Quand la dernière chaloupe eut embarqué le dernier soldat, Albert regarda autour de lui pour examiner les figures, et choisir celle qui pouvait lui permettre de deviner un interlocuteur complaisant : il avisa un jeune homme à l'œil noir et vif, au teint bronzé par le soleil provençal, et dont les lèvres toujours agitées par un mouvement convulsif, semblaient solliciter une question.

Albert fit quelques pas vers lui, et avec

cette aisance et cette grâce naturelles qui annoncent la noblesse avant le nom, il dit :

— Vous excuserez, monsieur, un étranger, s'il vous arrête un instant pour vous adresser quelques questions.

Un sourire respectueux et bienveillant répondit à Albert de Saint-Marc, qui poursuivit ainsi :

— Ces deux vaisseaux partiront-ils ce soir ou demain ?

— Demain, à la pointe du jour, monsieur.

— Ils n'embarquent que des militaires, je crois?

— Oui, monsieur.

— Y a-t-il des vapeurs en partance?

— Demain, le *Grégoire*, commandé par M. Garbieron; après-demain le *Tartare*, commandé par M. Charpentier.

La réponse fut faite avec une vivacité méridionale qui ne laisse jamais languir l'interrogation, et annonce un interlocuteur doué de c   science locale, si recherchée de l'étranger.

Albert s'applaudit intérieurement d'avoir si bien rencontré le premier coup.

— Monsieur, continua-t-il, veuillez donc bien mettre le comble à votre obligeance, en m'indiquant le dernier de ces paquebots, si vous pouvez me le montrer d'ici.

— Le *Tartare* n'est pas sur rade; il ne sortira que demain soir du bassin de l'arsenal.

L'arsenal vient de fermer sa grille. Vous auriez d'ailleurs besoin d'une permission et d'un guide, car l'arsenal est plus compliqué, dans ses détours, que le labyrinthe de Crète.

Si monsieur me le permet, j'irai le joindre demain matin, à l'hôtel de la *Croix-d'Or*, et je le conduirai à l'arsenal.

— Voilà qui est singulier! dit Albert en souriant, est-ce que suis logé à l'hôtel de la *Croix-d'Or?*

— Oui, monsieur.

— J'accepte avec le plus grand empressement, et je vous parlerai de ma reconnaissance plus tard.

— Monsieur, je suis à votre disposition; voici ma carte : Alexandre M..., avocat, rue du *Champ-de-Mars*, 4, près le *Pavé-d'Amour...*

Permettez-moi de vous conduire à votre hôtel.

L'avocat prit les devants, comme le plus officieux des guides, et arrivé sur la Place au Foin, il dit à Albert :

— Monsieur, voilà la *Croix-d'Or*.

— C'est bien là, en effet, dit Saint-Marc en riant : vous le saviez mieux que moi.

Il faut le dire en passant, à l'éloge de cette noble ville de Toulon, l'obligeance y court les rues et marche avec l'étranger.

Je n'invente pas un caractère, j'en choisis un au hasard, sur cent.

Le lendemain, à neuf heures, l'avocat *cicerone*, entrait chez le vicomte de Saint-Marc avec la familiarité d'un ami.

— Mon cher monsieur, lui dit Saint-Marc, je suis vraiment désespéré de vous enlever aux affaires de votre noble profession...

— Oh! dit vivement le jeune avocat, les affaires peuvent attendre, et vous ne le pouvez pas, vous, monsieur, puisqu'il faut que vous partiez demain.

— On n'est pas plus obligeant, monsieur,

— dit Saint-Marc en serrant les mains de l'avocat toulonnais. — Oui, je pars demain, et c'est trop tard de six ans.

— Ah! je comprends, vous allez rejoindre l'armée...

— Non, je vais la joindre, — dit Albert en riant, je n'ai jamais été soldat.

— Vous sortez de l'école de Saint-Cyr? — dit le Toulonnais avec un accent timide qui demande excuse pour une indiscrétion.

— Non...; je sors d'une autre école, — répondit Saint-Marc avec un sourire sérieux.

Et comme il achevait sa toilette, il prit le bras de l'avocat et ils sortirent de l'hôtel.

Chaque matin, l'arsenal de Toulon se réveille avec le fracas d'un dortoir de géants

C'est un spectacle superbe.

Les larges écluses roulent sur leurs gonds; on incruste des vaisseaux dans leurs écrins de carénages, les roues à vapeur soulèvent le marteau des forges; les câbles se déroulent à la corderie; les chantiers retentissent du grincement des scies sur la pierre et le bois, mêlé au cliquetis des ferrailles agitées par les escouades des galériens.

La splendeur du tableau en dérobe les misères.

Ce qui rampe est voilé par ce qui s'élève.

Partout éclate la grandeur du travail et du paysage; partout les mâts des vaisseaux rayent de lignes verticales l'horizon maritime, et agitent des milliers de banderolles qui font la joie de l'air.

Un peuple d'ouvriers à face rude et intelligente, couvre les dalles cyclopéennes des quais et des bassins, et un continuel flux et reflux de matelots et d'officiers achève de donner à ce coin de la France une animation merveilleuse en frappant de surprise le voyageur.

Albert de Saint-Marc assistait pour la première fois à ce magnifique spectacle, et semblait avoir oublié le but sa visite à l'arsenal; la parole vive de son conducteur toulonnais le rendit bientôt à son projet d'embarquement.

— Voilà votre paquebot, lui dit le jeune avocat; le commandant est sur le pont; c'est un de mes amis; je vais vous présenter à lui si vous voulez.

— J'accepte volontiers, — dit Saint-Marc;

— mais comme je vois en ce moment beaucoup de passagers qui entourent le capitaine, je serais bien aise de faire une promenade dans cet arsenal, qui me paraît la chose la plus curieuse de l'univers... Voyons, mon cher avocat, veuillez bien me montrer en courant, vos plus attrayantes richesses...

— Dans moins d'une heure, dit l'avocat, vous pourrez voir la corderie, les cales couvertes, la fonderie, la forge, le grand magasin, le parc d'artillerie, les bagnes, l'hôpital, le...

— Commençons par l'hôpital, — interrompit Albert, — ce doit être bien lugubre un hôpital du bagne! nous verrons le reste après.

— Veuillez donc bien me suivre, — dit l'obligeant conducteur.

L'hôpital.

XII.

L'hôpital du bagne de Toulon est un monument fort beau, et tout y est admirablement prévu dans l'intérêt des malades.

Les galeries sont vastes, et l'air de la rade et des collines y fait circuler une suavité de parfums qui donne la santé.

Les deux visiteurs passaient lentement devant les lits de cette infirmerie du crime, sans mettre trop d'affectation dans leurs regards, de peur d'affliger par une curiosité brutale tant de misères honteuses, peut-être de leur position.

Au milieu de la galerie, un groupe composé d'une religieuse, d'un prêtre et du chirurgien de l'hôpital, fixa leur attention, et le jeune avocat ayant fait de la tête un salut familier, s'avança vers le docteur et lui serra les mains.

— Eh bien! mon cher docteur, dit-il, vous êtes toujours à votre poste, et de très-bon matin.

— C'est mon devoir, et je puis ajouter, c'est mon bonheur, — dit le docteur A***, dont la noble et franche figure réjouit les galériens sur leurs grabats d'hôpital.

— Vous remplissez une bien belle mission, docteur, dit le vicomte de Saint-Marc; vous consolez ce qui est inconsolable.

— On prend le devoir en habitude, comme tout autre chose, dit le médecin; j'ai déjà passé vingt-cinq ans de ma vie à soigner les pauvres malades et les galériens. A six heures du matin, je suis debout et je travaille souvent jusqu'à minuit... je ne dis pas cela pour en retirer un éloge, mais pour encourager les jeunes gens qui n'osent sortir de leur oisiveté. Le travail est plus doux qu'on ne pense, messieurs.

— Pardon, cher docteur, dit l'avocat, nous vous avons distrait des douceurs de votre travail ; votre temps...

— Ma visite est terminée, interrompit le médecin ; je donnais mes dernières instructions à mes collaborateurs, cette religieuse et l'aumônier ; j'ai deux mots à dire à ce pauvre jeune homme et je suis à vous.

Le médecin se pencha sur un lit, et prenant une main livide de fièvre, il dit avec une voix pleine de douceur :

— Mon ami, sois obéissant ; ne refuse rien de ce que la sœur te donnera, et tu seras sur pied dans quatre jours... entends-tu ?

Un mouvement du linceul mit à découvert la figure pâle d'un jeune homme de vingt-trois à vingt-quatre ans.

Le malade ouvrit les yeux, regarda le médecin, et remua les lèvres pour répondre affirmativement.

— Tu es aujourd'hui beaucoup mieux qu'hier, ajouta le docteur, et je te promets que demain tu seras mieux qu'aujourd'hui.

— Et à quoi me servira ce mieux? — demanda le malade d'une voix presque éteinte et avec une expression de regard indéfinissable.

— Ah! dit le docteur, tu sais que je n'aime pas ces réflexions. Monsieur l'aumônier te l'a dit; si Dieu te donne la santé, accepte-la comme un bienfait du ciel.

— La santé pour souffrir ! murmura le galérien avec un accent mélancolique.

— Vincent, mon ami, dit le docteur, nous allons nous fâcher ! prends garde. Tu n'as pas d'autre ami que moi ici, et quand tu voudras écrire à ta mère...

Le malade interrompit le médecin par un geste brusque, et fit un signe d'obéissance et de résignation.

Albert de Saint-Marc suivit le médecin dans la galerie, et arrivé sur la première marche de l'escalier, il lui dit :

— Excusez la curiosité d'un étranger, M. le

docteur, vous me paraissez attacher un intérêt particulier à ce pauvre galérien...

— Il n'y a pas de galériens ici, dit le médecin, il n'y a que des malades.

— Votre réponse est fort belle, poursuivit Albert, mais il m'a semblé que vous aviez une prédilection pour ce malade, et j'ai cru vous adresser une demande peut-être indiscrète.

— Pardon, dit le médecin, vous me faites songer que j'ai oublié d'écrire une ordonnance pour ce pauvre Michel.

Le docteur rentra dans la salle, et s'avançant vers le lit, il se pencha sur un malade, et lui dit avec une voix pleine de douceur :

— Michel, je te recommande de ne faire aucun mouvement, si tu veux être bientôt guéri de ton bras.

— Et vous savez ce qui m'attend quand je serai guéri, dit le malade avec un sourire affreux.

— Mon ami, ajouta le docteur, il arrivera ce que Dieu voudra ; en ce moment tu ne dois t'occuper que de ta guérison, entends-tu. Demain, si la fièvre te quitte, comme je l'espère, je te ferai servir un bon déjeuner. Tu vois que j'ai soin de toi.

Le malade inclina la tête, et remercia par un sourire de bonté.

L'hôpital.

(SUITE.)

XIII.

En descendant l'escalier, le docteur dit à Saint-Marc : — Je vois à votre regard interrogateur que vous êtes avide de connaître le secret de toutes ces misères incurables. Ce pauvre Michel que vous venez de voir est à peine âgé de vingt-deux ans; vous voyez comme je le soigne, et quand il sera guéri, il périra sur l'échafaud... Cela vous étonne, monsieur..... Michel a frappé un garde-chiourme d'un coup de couteau, et en donnant ce coup, il a glissé et s'est cassé le bras droit dans sa chute; en cet état, on ne peut pas le juger; avant, il faut le guérir; je prolonge autant que je puis sa guérison, car en gagnant la santé, il gagne la mort. L'histoire de ce malheureux est empreinte de fatalité; mais la fatalité n'est pas reconnue en cour d'assises comme circonstance atténuante. Un accès de jalousie d'amour l'a conduit au bagne. Après six mois il prépara un plan d'évasion admirable, et que l'intelligence seule des galériens peut inventer.

Un matin, Michel, habillé en ouvrier de l'arsenal, sortit de sa prison et traversa fièrement l'arsenal. En passant sur le pont de bois, un coup de vent emporta son chapeau, et il ne voulut point se retourner pour le ramasser, malgré les avertissements répétés, à très-haute voix par les sentinelles du pont. Cela parut suspect, surtout aux yeux de nos argus infaillibles, sans cesse préoccupés des évasions merveilleuses des galériens. On courut sur Michel; on découvrit une tête chauve sous la chevelure d'emprunt. Il fut donc ramené aux carrières. Depuis ce moment, il se plaignait de la rigueur de son gardien, et murmurait des menaces contre lui.

Ces menaces ont eu leur effet sanglant, et voilà où Michel est arrivé, à l'échafaud, en passant par les soins paternels de l'hôpital.

— Cela est horrible à entendre, dit Saint-Marc au comble de l'émotion; mais la justice est dans son droit.

— La justice est toujours rigoureusement dans son droit, poursuivit le docteur; pourtant, il est de certains cas, fort rares d'ailleurs, où la justice fléchit, lorsque des hommes influents et dévoués invoquent sa religion miséricordieuse... En voici un exemple : Nous avions ici deux jeunes Arabes de quatorze à quinze ans, condamnés à mort, puis à vie. Un jour, dans la plaine de la Mitidjah, ces deux frères rencontrèrent un Français, et ils se firent ce raisonnement : notre père et nos parents ont été tués, dans leur cabane, par des Français beaucoup plus nombreux, et plus forts qu'eux. Aujourd'hui, nous sommes à notre tour deux contre un, notre vengeance est légitime ; et ils tuèrent le chrétien isolé, par dévouement filial.

A notre point de vue, cette action est horrible ; mais ces enfants ne pouvaient pas raisonner comme nous. La justice ne fait point de ces concessions philosophiques ; les deux frères furent condamnés à mort. Cependant, leur peine ayant été commuée, on les envoya d'Alger au bagne de Toulon.

Sur ces entrefaites, un voyageur traversa le bagne, et s'étant fait conter l'histoire lamentable des deux Arabes, il partit pour Paris, et muni de toutes les pièces du procès, il plaida longtemps la cause de ces enfants auprès du garde des sceaux, et parvint à alléger leur sort. Ce voyageur a fait une bonne action, et, sans lui, la justice inexorable aurait suivi son cours, et ces malheureux Arabes, égarés par les fausses idées de leur nature sauvage, se eraient abrutis dans ce bagne, devenu par la mansuétude de la loi leur éternelle prison.

— Je rappellerai à M. le vicomte de Saint-Marc, — dit l'avocat toulonnais, qui connaissait toutes ces histoires, — que le commandant du *Tartare* doit quitter son bord à dix heures, et que les passagers doivent se hâter s'ils veulent trouver de bonnes cabines sur le pont.

— Ah! je vous remercie, — dit Saint-Marc avec un sourire de préoccupation, — le *Tartare* aura son tour après cet enfer du bagne. Les récits de M. le docteur excitent au plus haut point ma curiosité de voyageur ignorant. A Paris, nous vivons dans un monde qui ne nous permet de nous attendrir que sur les infortunes de l'Opéra-Comique et de la Gaîté... Oui, docteur, parmi les criminels, il y a des malheureux... me permettrez-vous de vous fatiguer encore de mon indiscrétion au sujet de votre malade, le pauvre Vincent? la figure de ce jeune homme m'a singulièrement frappé.

— C'est encore une histoire fort triste, — dit le docteur en faisant courir sa main droite sur son front, — fort triste... Vincent est le fils d'un pauvre fermier du village de Saint***, à trois lieues de Nantes; il aimait une jeune fille, sa parente, avec laquelle il avait été élevé. Son mariage dépendait du numéro de la conscription; toute loi est dure, comme dit le proverbe latin ; mais la loi du recrutement est la plus dure de toutes les lois imposées aux pauvres; ainsi vous, par exemple, monsieur le vicomte, il vous a été facile avec quelques écus d'envoyer un homme au régiment à votre place, et de vivre doucement de la vie parisienne; mais le pauvre diable, qui a la main malheureuse le jour du recrutement, est obligé de quitter sa famille, son horizon de campagne, tout ce qui lui est cher enfin et d'aller où va le drapeau. La loi est pour tous, c'est incontestable; mais cette communauté d'exigence n'ôte rien à sa rigueur; il y a, d'ailleurs, dans notre France militaire, beaucoup de candides enfants qui ont une répugnance invincible pour la noble profession des armes, et que la nature n'a pas créés soldats. Vincent, foudroyé par le numéro 23 qu'il tira dans l'urne de sa mairie, et qui brisait son mariage à jamais, se réfugia dans les bois et fut sourd à tous les appels d'affiche qu'il plaisait au préfet d'adresser aux conscrits rétardataires. Un mois s'écoula ; le village de Saint *** avait envoyé au corps tout son contingent de soldats apprentis, moins Vincent le réfractaire. Notre malheureux enfant sortait toutes les nuits de ses bois, et venait passer quelques heures devant le foyer domestique, entre sa mère et sa fiancée. A la longue, la sécurité endort la précaution. Une nuit, la porte fut violemment ouverte, et deux redoutables gendarmes firent irruption dans la chaumière. Vincent saisit un outil de ferme, et, en se défendant comme un lion, sur le corps de sa mère évanouie, il blessa grièvement ses deux adversaires; mais un renfort de maréchaussée étant survenu, il il fut pris, arraché de sa maison, écroué dans un cachot du chef-lieu et jugé. Le tribunal, s'inspirant des circonstances de ce crime, garda une juste réserve dans sa rigueur. Les juges furent émus, mais la loi fut la loi. Vincent est ici depuis six ans.

— Malheureux jeune homme, dit Saint-Marc... Et combien d'années a-t-il encore à passer au bagne?

— Quatre.

— Quatre!... il aura donc vu flétrir ici sa plus belle jeunesse, et quand il sortira, il aura au front le stigmate indélébile de galérien.

— C'est la loi, remarqua le docteur.

— Oui, oui, docteur, on a tout dit quand on a dit : c'est la loi... et, en effet, on ne peut pas dire autre chose... Tout juré, moi le premier, aurait condamné Vincent, et pourtant il y a des crimes qui semblent porter en eux une certaine innocence.

Saint-Marc baissa la tête, et s'appuyant sur un pilier de la cale couverte qui protége au chantier le vaisseau le *Fontenoy*, il se mit à réfléchir profondément.

— Monsieur le vicomte, dit le Toulonnais, voilà le commandant Charpentier qui descend de son bord et rentre en ville; me permettez-vous de l'appeler?

— Nous irons le voir en ville, — dit Saint-Marc de l'air d'un homme qui attache peu d'importance à ce qu'il dit. — Oui, oui, la loi est terrible... et l'homme est faible!... malheur à qui vient se heurter contre la loi!

Ces derniers mots étaient dits avec ce ton qui annonce que la pensée intérieure ne s'accorde point avec les paroles, comme au théâtre, lorsque l'accompagnement de l'orchestre contrarie l'expression mélodique des voix.

La cale couverte.

XIV.

Pour faire diversion à de nouvelles idées, le jeune vicomte voyageur regarda autour de lui, et fut frappé de la grandeur monumentale de l'édifice qui s'élevait sous ses yeux, et qui était l'écrin d'un vaisseau de cent canons.

— Voilà une belle chose, docteur, — dit-il en changeant de ton, — cet édifice ressemble à une église gothique dépouillée de l'enveloppe de ses quatre murs.

— C'est une cale couverte, monsieur le vicomte, dit le docteur avec l'accent coutumier d'un cicérone qui a répété la même chose à mille voyageurs.

— Il paraît, demanda le vicomte de Saint-Marc, que les ouvriers sont un peu en retard sur ce chantier, car nous sommes sur cette place aussi isolés que dans le désert.

— Il y a vingt ans que les ouvriers n'ont pas donné ici un coup de marteau, dit l'avocat avec un sourire railleur.

— Ah! remarqua Saint-Marc, ce beau vaisseau est donc laissé à l'abandon depuis vingt ans?

— Oui, monsieur le vicomte, dit l'avocat en riant; ce vaisseau est devenu vieux avant d'avoir été jeune.

— Il porte un beau nom, ajouta Saint-Marc.

— C'est le *Fontenoy*.

— Ici, lorsqu'il s'agit d'un vaisseau en construction, je vois que la loi est fort tolérante; on ne fait des codes que pour les hommes, on n'en fait point pour les vaisseaux. Il est donc permis en France de construire le *Fontenoy* et un magnique édifice en pierres ciselées pour l'abriter de la pluie, et d'abandonner ensuite ces deux coûteuses merveilles, pendant vingt ans, sur un désert..... Si le *Fontenoy* eût été un conscrit réfractaire, on ne l'aurait pas abandonné..... pardon, monsieur le docteur, si je vous dérobe trop longtemps à l'impatience de vos malades, mais l'histoire de ce malheureux Vincent me préoccupe au-delà de toute expression... Avez-vous des nouvelles de la mère ce cette pauvre jeune fille?

— Oui, M. de Saint-Marc, j'ai reçu plusieurs lettres de la mère de Vincent ; des lettres désolantes, comme les mères seules en écrivent... Il y a six ans que cette femme pleure, et quand elle reverra son fils elle aura un nouveau désespoir à subir en le voyant flétri à jamais.

— C'est vrai, docteur... la maladie de ce jeune homme m'a paru fort grave...

— Elle l'est, en effet, je lutte depuis vingt jours avec lui, pour le décider à se laisser vivre, il refuse tout remède, il ne demande que la mort.

— Pourtant, dit Saint-Marc, il n'a plus que quatre ans...

— Quatre ans ! interrompit le docteur, mais savez-vous bien que, pour certaines organisations, quatre ans c'est le synonyme d'éternité? J'ai vu ici des galériens qui, après quinze ans de bagne, ne croyaient pas avoir assez de force pour supporter l'interminable longueur de la dernière semaine, et craignaient de mourir d'un accès d'irritation d'ennui, la veille de leur liberté. Ici, le temps perd sa valeur mathématique et ses divisions d'horloge. Les heures n'ont soixante minutes qu'à leur cadran ; elles passent en courant sur les belles existences, elles se traînent sur les malheureux et les écrasent de leur poids. Cette tour carrée, qui s'élève devant la corderie, ne sonne des heures que pour vous; elle sonne des siècles pour les malades de cet hôpital.

— Cela me paraît fort juste, — dit Saint-Marc avec un ton décidé qui semble vouloir mettre fin à un long entretien.

— Si monsieur le vicomte, dit l'avocat, veut partir demain, je me crois obligé de lui dire qu'il n'a pas trop de temps à perdre à Toulon.

— Ah ! M. de Saint-Marc, dit le docteur en riant, laissez vous conduire aveuglément par notre jeune avocat ; c'est la Providence toulonnaise des étrangers, il se dévoue à vivre de la vie des autres, et semble avoir oublié la sienne en naissant. Notre avocat est l'antipode vivant de l'égoïsme, il croirait perdre une journée s'il n'avait pas rendu un service ; mais il n'en perd pas ; il est plus heureux que Titus.

— Ce docteur est un singulier homme ! dit l'avocat ; sans y songer, il fait son portrait et il écrit son nom au bas de la toile.

— Vraiment, messieurs, dit Saint-Marc,

vous faites rougir de honte les paresseux et les inutiles ; on devient meilleur entre vous deux, et je suis au désespoir de vous quitter.

— A votre retour d'Afrique nous nous reverrons, j'espère, dit le docteur.

— A mon retour... — dit Saint-Marc avec une expression mystérieuse. — Si je retourne.

— Oh ! quelle idée, dit l'avocat ; on ne fait presque plus de guerre en Afrique. Vous allez à une promenade, à une course au clocher de l'Atlas...

—Mon cher avocat, interrompit Saint-Marc, je renonce à l'Afrique...

— Vous ne partez pas, M. le vicomte?

— Non, j'ai changé d'avis.

— Et votre régiment?

— Il aura un soldat de moins ; cela ne fait point lacune.

— Et le ministre de la guerre?

— Je m'arrangerai avec lui.

— Tant mieux! M. le vicomte; je ne suis pas fâché de vous voir changer de résolution. Vous ne me paraissez pas de constitution assez solide pour résister aux fatigues des courses africaines. Pardonnez-moi ma franchise provençale. Vous avez les mains délicates comme une femme, et des pieds élégants, ciselés pour le tapis d'un salon; avec vos pieds, on grimpe fort mal sur l'Atlas. Vraiment, je vous plaignais déjà dans votre dur métier de soldat africain. Que votre mère sera contente de vous revoir! et que je m'estime heureux d'avoir contribué peut-être à vous retenir à Toulon!

— Mais c'est votre rencontre, mon cher avocat, qui a bouleversé tous mes plans, il n'y a pas le moindre doute : je vous expliquerai cela plus tard.

— Passerez-vous encore quelques jours à Toulon, M. de Saint-Marc?

— Probablement.

— Avez-vous visité des vaisseaux à trois ponts ?

— Jamais.

— Je vous conduirai à bord de *l'Océan*, de cent vingt canons.

— Non, vous me ramènerez demain à l'arsenal, je n'ai pas de temps à perdre... je veux avoir des nouvelles de ce pauvre Vincent, demain, à la visite du cher docteur.

— Nous sommes tous deux, M. de Saint-Marc, à vos ordres.

— A demain, messieurs, je n'ai déjà que trop abusé de vous aujourd'hui.

Albert prit congé du docteur et de l'avocat, et ne les revit que le lendemain à l'arsenal, quelques heures avant son départ. Il avait recueilli tous les renseignements désirables, et il lui tardait d'être rendu à Paris.

La retour à Paris.

XV.

Albert de Saint-Marc sortit de Toulon comme on sort d'un collége avec une éducation toute faite.

Deux jours lui avaient suffi pour renouveler ses idées, en donnant complète justice aux théories de la marquise de Simian.

Il venait de visiter des vaisseaux superbes, où vivaient dans une activité glorieuse, de jeunes officiers revenus des zones polaires ou des archipels du sud.

Il avait admiré les nobles reliques de la marine française, ces vieux navires invalides, dont les noms rappellent tant de travaux merveilleusement accomplis.

La *Muiron*, qui parle d'Aboukir ; l'*Astrolabe* et la *Zélée*, qui racontent leurs explorations pacifiques à travers tous les écueils du globe : on lui avait montré, le matin même, devant la forteresse du cap Brun, la petite rade où le vaisseau le *Romulus*, accablé par le nombre, vit périr sous le feu, tous ses jeunes et brillants officiers; ce qui renouvela, de nos jours, l'antique lamentation de Sparte :

L'année a perdu son printemps!

Notre voyageur, ému par ces souvenirs et ces tableaux, courait de toute la vitesse de trois chevaux de poste, sur la route de Paris, en s'efforçant de corriger l'ennui somnolent du voyage par la vie intérieure et agitée de la réflexion.

En arrivant à Paris, il avait déjà résolu de consacrer tout son temps à une bonne action : il fallait, à tout prix, rendre à sa famille le malheureux réfractaire breton de l'hôpital du bagne, et le réhabiliter dans sa dignité d'homme malgré la flétrissure du jugement criminel.

Un ami d'Albert de Saint-Marc, un ancien employé au ministère de la justice, avait promis, sur l'exhibition des pièces recueillies à Nantes et à Toulon, de mener cette affaire à bonne et prompte fin.

Lorsque l'humanité active poursuit avec une ardeur incessante son œuvre généreuse, elle se trouve, à chaque effort, en face de quelque rempart administratif dont il faut faire le siége, et qui oppose une de ces froides résistances à désespérer le courage de l'assaillant.

Albert de Saint-Marc, absorbé par ce travail où le cœur et la raison luttent contre les formes bureaucraitiques, où le style officiel des réponses est en perpétuelle discordance avec le chaleureux accent des demandes, Albert commençait toutes ses journées avec une espérance et les terminait par le découragement.

Un jour, en traversant la place Vendôme,

centre de ses opérations, il s'entendit appeler par son nom du fond d'une voiture, et reconnut bientôt sur le marchepied d'une portière vivement ouverte, son ami le comte de Gestain.

Les deux amis se serrèrent longtemps les mains avant de commencer un de ces entretiens où les questions se croisent et suppriment les réponses.

Dès qu'un peu d'ordre fut rétabli dans la fougue de cette rencontre :

—- Cher Albert, dit Daniel, la place Vendôme n'est pas un boudoir de conversation ;

prenez mon bras, congédions mon cocher, et réfugions-nous aux Tuileries, où nous causerons entre deux statues, à l'abri de l'oreille du passant. La curiosité publique commençait déjà ici à nous exploiter avec trop d'enthousiasme. La place Vendôme n'est peuplée que de provinciaux stationnaires et désœuvrés.

L'entretien se renoua au jardin des Tuileries.

— Cher comte Daniel, dit Albert, je suis enchanté de vous retrouver dans tout l'éclat de votre gaîté radieuse, après quelques semaines de séparation. Vous n'avez donc pas quitté Paris?

— Vous le voyez, Albert... nous avons tous deux violé notre pacte.

— Daniel, parlez pour vous ; j'ai fait un long voyage, moi...

— Albert, nous nous donnerons plus tard des explications mutuelles, et si vous avez confiance en moi comme j'ai confiance en vous, je crois qu'il n'y aura point de coupable dans les deux.

— J'espère bien surtout, dit Albert, que vous n'avez pas revu madame de Simian?

— Ne m'accusez pas de l'impossible, vicomte de Saint-Marc. Non-seulement je ne l'ai pas revue, mais je puis vous affirmer sur l'honneur que je ne la reverrai jamais.

— Vous dites cela d'un ton, cher Daniel, et avec un regard qui devraient bien se faire escorter d'un commentaire.

— Vous ne savez donc pas la nouvelle, mon ignorant vicomte?

— Il y a une nouvelle!

— Eh! mon Dieu! m'auriez-vous retrouvé si joyeux s'il n'y avait pas une nouvelle! c'est l'inévitable nouvelle qui menace les absents... La belle veuve de Simian se marie!... Ah!

vous voilà pétrifié, comme la statue de Méléagre, dont vous brossez le piédestal avec votre coude!... Mon cher, contenez-vous; vous vous donnez en spectacle à tous les vieillards du jardin des Tuileries. Ce n'était pas la peine de quitter la place Vendôme.

— Elle se marie! dit Albert avec un effort de poitrine après chaque mot.

— Eh! soyons justes; que voulez-vous que fasse une veuve si elle ne se marie pas? elle n'a que ce métier. Quand j'ai appris la chose, j'ai ressenti sous mes pieds une secousse de tremblement de terre, et j'ai vu une éclipse de soleil à quatre heures du soir; puis j'ai relevé haut la tête et affermi mon corps, comme le soldat frappé d'une balle qui veut se prouver à lui-même qu'il est vivant, et j'ai couru m'encadrer dans une croisée au café de Paris, pour dîner avec l'appétit des passants du boulevart : on se tue comme on peut dans un moment de désespoir, et le meilleur suicide est celui qui fait vivre... Mon cher Albert, si vous ne quittez pas votre pose d'immobilité tumulaire je vous place sur ce piédestal qui attend une statue d'Étex, et j'économise deux mille écus à la liste civile qui ne demande pas mieux.

— Elle se marie! elle se marie! dit Albert avec des lèvres convulsives.

— Albert, mon ami, quand vous broderiez sur ce thème toutes les variations que Rossini inventerait, cela ne romprait pas le mariage. Soyez homme, Albert.

— Oh! c'est infâme, dit Albert en coupant l'air avec son poing.

— Pourquoi infâme! dit Daniel. La marquise n'a trompé personne : son plan était fort simple, et je ne l'ai deviné qu'après coup. Nous étions là, rangés en cercle autour d'elle, une douzaine d'adorateurs équivoques, hérissés comme des chevaux de frise, qui empêchent un prétendant sérieux d'approcher ; c'était gênant : elle a inventé une supercherie innocente ; elle nous a tous envoyés promener à la croisade, en Afrique, à l'île de Rhodes, à je ne sais quoi encore ; et quand le terrain de sa maison a été éclairci, elle a fait appeler le notaire et le contrat.

— Je voudrais bien connaître le...

— Le mari ; il est connu, Albert : c'est un cousin, selon l'usage ; les veuves ont toujours des cousins en réserve, dans un coin de département quelconque. Celui-là nous vient du Jura, pays fertile en généraux et en maris, comme tous les pays de montagnes. C'est un jeune vieillard de quarante-cinq ans, d'un beau gris ; il a même un nom dans les lettres, à ce qu'il dit ; il est ambitieux et très-influent dans son village ; il a deux cent cinquante électeurs de rente, et va se faire nommer député.

— Oui, oui, voilà bien les femmes ! — dit Daniel avec une figure contractée par l'indignation.

Oui, à leurs yeux, la jeunesse, l'esprit, la grâce ont perdu tous leurs prestiges. Elles veulent aussi tenir un rang officiel dans la hiérarchie constitutionnelle ! Qui aurait attendu une pareille faiblesse de madame de Simian ?

— Parbleu ! moi, je l'aurais attendue ! dit Daniel.

Ce sont les mœurs de l'époque : une femme de député joue un rôle superbe ; elle est toujours presque de moitié dans les discours de son mari ; elle s'écoute parler à la tribune ; elle se voit applaudir par les centres ; et elle se lit le lendemain dans le *Moniteur*. Si j'avais l'honneur d'être femme, je n'épouserais qu'un député, pour être législatrice *incognito*.

— Mon cher comte, dit Albert, votre plaisanterie arrive à une exagération qui est rassurante pour mon désespoir. Oui, le mariage de madame de Simian est une fable.

— Une fable! mon cher Albert! Ah! je donnerais bien toutes les histoires du monde pour que la mienne fût une fable.

Écoutez, vicomte de Saint-Marc, je suis assez humainement cruel pour ne pas vous laisser un éclair de joie trompeur, qui vous donnerait peut-être une fatale recrudescence de désespoir. Rien n'est plus vrai que ce mariage; demain, vous viendrez avec moi rendre une visite au futur mari, M. Hyacinthe Mozeman.

— Elle épouse un homme qui porte un pareil nom!

— C'est un nom de député, il pourra très-bien figurer comme un autre à l'appel nominal : je le vois déjà imprimé, en lettres capitales, dans les journaux : *M. Mozeman demande la parole : Messieurs, en commençant, je réclamerai l'indulgence de la Chambre...* (Très-bien! très-bien!) Oh! je n'oserai jamais chicaner une veuve sur le choix du nom de son second mari : c'est toujours le premier que j'ai en horreur quand j'aime la veuve. Albert, nous irons demain rendre une visite à M. Mozeman.

— Comte Daniel, seriez-vous d'humeur de causer un instant avec moins de légèreté d'une chose qui me tue?

— Non, non, Albert, dit Daniel avec un accent tout nouveau, — cela m'est impossible. Il faut que je continue à parler de ce mariage sur ce ton... si j'arrivais au sérieux, à la fin de ma phrase je serais fou.

— Bien! — dit Albert en serrant les mains du comte Daniel, — votre émotion vous trahit; et en vous voyant souffrir, il me semble que je souffre moins.

— Savez-vous bien, vicomte de Saint-Marc, — dit Daniel en croisant ses bras sur sa poitrine, — que cette nouvelle du mariage de madame de Simian m'a cloué par les pieds sur le chemin d'une bonne action?

— Oui, je comprends cela, dit Albert, et je le comprends mieux que vous ne pouvez le présumer. C'est un découragement qui brise l'âme. Quant à moi, si pareille nouvelle m'arrivait au moment où mon bras s'allonge pour donner ma bourse à un malheureux, je retirerais mon bras.

— C'est affreux, Albert, mais cela est ainsi; hélas! nous appartenons tous deux au genre nommé genre humain.

Écoutez mon histoire en quelques mots, et les plus légers possibles...

Un mystère.

XVI.

Le lendemain du jour de nos adieux sur la place Louis XV, je faisais, comme vous, mes préparatifs de départ; j'avais en tête un voyage et une idée!... En rendant une visite de congé, rue Saint-Lazare, je coudoyai assez brusquement une femme d'âge mûr, qui sortait d'une grande maison, et comme je me confondais en excuses, je découvris dans les yeux et sur le visage de cette femme, des traces d'une douleur qui semblait n'appartenir à aucun malheur connu. Quand le jour est beau, quand la rue est calme et la foule joyeuse, rien n'est plus désolant à voir qu'un visage de femme inondé de larmes. Cette profonde et muette douleur qui traverse la gaîté publique est intolérable au regard. J'abandonnai ma visite et je suivis la femme à la distance de quelques pas. Elle quitta la rue Saint-Lazare, et monta la rue de Clichy jusqu'à la prison où je la vis entrer.

A force de lire des romans dans notre cabinet, nous n'apercevons pas ceux que nous coudoyons dans la rue. Les seconds sont pourtant les meilleurs.

Il y avait quelque chose de si clairement providentiel dans cette rencontre, que je m'acharnai tout de suite à vouloir trouver le mot de cette énigme de désolation. Ce que nous appelons hasard avait décidé que je connaîtrais la maison opulente d'où cette femme était sortie : vous la connaissez comme moi, Albert, cette maison ; elle appartient à M. Salvien N***, ancien fournisseur, aujourd'hui gros rentier.

Dans la première conjecture, produit de

ma naïveté, je me dis avec une assurance infaillible : le gros Salvien a fait écrouer à Clichy un débiteur insolvable, et il vient de refuser impitoyablement à cette femme la mise en liberté de son mari.

Je crois qu'à ma place tout autre eût raisonné comme moi, ce qui humilie beaucoup moins ma sagacité.

Cela dégoûte des conjectures, et pourtant j'en ferais encore demain. L'erreur appelle l'erreur, comme l'abîme, l'abîme.

C'était justement l'heure des visites ; puisque j'étais en train d'en faire, je redescendis donc dans la rue Saint-Lazare, et j'entrai chez Salvien, en me faisant annoncer comme un voyageur en tournée d'adieux.

Salvien me reçut avec ce désordre de maintien et de propos que le calme du cabinet ne peut donner qu'aux artistes et aux poëtes, mais qu'il n'a jamais imposé aux anciens fournisseurs millionnaires. Il était facile de voir qu'une scène violente venait d'éclater dans ce petit salon, si frais dans ses velours et ses dentelles, et dont les meubles seuls avaient été les impassibles témoins.

— Je saurai tout, me dis-je à moi-même; et je m'assis de l'air indifférent d'un homme qui ne veut rien savoir.

Mon espoir fut trompé. Je mis en jeu toutes les ruses de la parole pour obliger Salvien à trahir son secret; il éluda mes embûches, et je n'appris rien.

Cependant cet entretien me fut très-utile, car je devinai, à l'agitation violemment réprimée de mon interlocuteur, qu'un mystère grave était enfoui dans cette maison, et j'éprouvai cette irritation de curiosité qui veut se satisfaire à tout prix.

FIN DU PREMIER VOLUME.

TABLE DES MATIÈRES

DU PREMIER VOLUME.

	Pages.
Des Circés anciennes et modernes.	5
CHAP. I. L'ermitage.	27
— II. Le kiosque.	39
— III. La lettre.	53
— IV. Les poursuivants.	85
— V. Les poursuivants (suite).	113
— VI. Une leçon de blason.	125
— VII. Entretien de salon.	139
— VIII. Entretien de salon (suite).	157
— IX. Noblesse oblige.	175
— X. Noble résolution.	199
— XI. Le bagne.	213
— XII. L'hôpital.	231
— XIII. L'hôpital (suite).	243
— XIV. La cale couverte.	259
— XV. Le retour à Paris.	275
— XVI. Un mystère.	297

FIN DE LA TABLE DU PREMIER VOLUME.

Coulommiers. — Imprimerie de A. MOUSSIN.

www.ingramcontent.com/pod-product-compliance
Lightning Source LLC
Chambersburg PA
CBHW060029180426
43196CB00044B/1590